28.★ X. 364

SERMON FUNEBRE

DE TRES-HAUT

ET

TRES-PUISSANT PRINCE

JEAN GEORGE II.

PRINCE D'ANHALT,

DUC DE SAXE, D'ANGRIE ET DE WESTPHALIE,

COMTE D'ASCANIE,

SEIGNEUR DE ZERBST ET DE BERNEBOURG, &c.

GOUVERNEUR DE LA MARCHE DE BRANDEBOURG,

ET GENERALISSIME DES ARMEES DE S. A. ELECTORALE, &c.

Prononcé dans le Château de S. Altesse Sérénissime le Novembre 1693.

A BERLIN,

Chez ROBERT ROGER, Libraire & Imprimeur
de Son Altesse Electorale.

M. DC. XCV.

A SON ALTESSE SERENISSIME

MADAME
LA PRINCESSE DOUAIRIERE
D'ANHALT,
DUCHESSE DE SAXE,

D'ANGRIE ET DE WESTPHALIE,

COMTESSE D'ASCANIE,

DAME DE ZERBST ET DE BERNEBOURG, &c.

PRINCESSE SOUVERAINE

D'ORANGE.

ADAME,

Voici le Discours, que VOTRE AL-
TESSE SERENISSIME m'a ordonné

de faire & de publier. Comme il ne paroît
que par ses ordres, j'ai crû qu'elle voudroit
bien me permettre de le produire sous son
Auguste Nom, la matiére en étant trés-
digne.

J'y ai traité des plus grands Mystéres de
la Religion, & tout imparfait qu'est ce Discours, on peut dire, que c'est une espéce
d'abrégé du Christianisme. J'y ai voulu faire l'Eloge de feu MONSEIGNEUR le
Prince d'Anhalt, & donner quelque idée de
sa vie & de ses vertus. Que peut-on offrir
de plus agréable à une Princesse Chrêtienne,
qui a un souverain attachement pour la
Religion ; à une Epouse fidelle, qui aime
infiniment la Mémoire de son illustre E-
poux ?

Il est vrai, MADAME, que la douleur,
que Vous avez euë de sa mort, fait seule
son éloge d'une maniére inimitable. Elevée
au dessus des adversitez de la vie par la
grandeur de vôtre courage, & presque inac-
cessible qu'à celles, où il y a de la vertu à

EPITRE.

les sentir, vous n'auriez jamais tant pleu-
ré un Prince, qui n'eut eu que la qualité
de vôtre Epoux. L'étenduë de son Mérite a été la mesure de vôtre douleur, & le
Trésor, que Vous avez perdu, Vous a parû digne de tous vos regrets, autant par
son propre prix, que parce qu'il étoit à
Vous.

Mais, MADAME, quelque grand,
qu'ait été ce Prince, V. A. S. remplit dignement sa place. Elle donne à MONSEI-
GNEUR son Fils un second modele de bien
gouverner ; Elle rend à ses sujets, une prospérité, qu'ils n'osoient presque plus attendre aprés la mort de leur Souverain.

L'Europe n'a pû voir, sans admiration,
cinq Héros de suite, dans la Maison d'O-
range, & les vertus du Bisayeul, qu'on regar-
doit, en leur temps, comme des Miracles,
qui n'auroient point de suite, passer à ses Des-
cendans, & devenir les vertus communes des
Princes de cette Auguste Maison. Mais cette
gloire, MADAME, ne leur est pas particu-

EPITRE.

liére; les Princesses l'ont partagée avec eux, & la Providence, qui vient d'élever le Roi vôtre Neveu sur le Trône de la Grand'Bretagne, où son Mérite & sa Naissance l'appelloient, n'a vû Personne, dans vôtre Maison, qui ne fut digne de régner.

Pour *VÔTRE ALTESSE SERENISSIME, MADAME*, tout le Monde sçait, qu'il ne lui manque aucune des vertus d'un si haut rang. On les voit toutes, comme à l'envi, orner en Elle une Ame grande, généreuse, bien-faisante, se répandre dans toutes ses actions, exercer, pour ainsi dire, la Régence, dont Elle est chargée, & gouverner ses sujets d'une maniére, qui ne peut être plus glorieuse pour Elle, ni plus utile pour eux.

Je ne sçaurois Vous exprimer, *MADAME*, combien je suis touché de ce spectacle. Je dirai seulement à *V. A. S.* que je le regarde de cet œüil, dont on voit l'accomplissement de ses vœux.

Je n'en ai point, *MADAME*, qui me soient plus chers que la gloire & la pros-

EPITRE.

périté de VOTRE ALTESSE SE-
RENISSIME, & des Perſonnes illu-
ſtres, qui lui appartiennent. Ces ſentimens,
que ſon Mérite & ſes bontez m'inſpirérent,
dés que j'eus l'honneur d'être à ſon ſervice,
n'ont point ceſſé, quand la Providence m'en a
éloigné, & j'oſe eſpérer auſſi, qu'Elle voudra
bien me continuér la protection & la bien-
veüillance, dont Elle m'honoroit, & que
ces graces, qu'elle m'a toûjours faites, au-
ront le même cours que le profond reſpect,
avec lequel je ſuis,

MADAME,

DE VOTRE ALT. SERENISSIME,

Le trés-humble, & trés-
obéïſſant Serviteur,

DE BEAUSOBRE.

Avertissement.

LE Lecteur fera furpris que ce Difcours paroiffe fi long-
temps aprés la mort de feu Monfeigneur le Prince
d'Anhalt; mais tout ce qu'on peut lui dire fur cela, c'eft
que ce retardement n'a pas été volontaire. Il eft auffi à pro-
pos qu'il fçache, que le fujet de ce Sermon a été marqué par
Son Alteffe Séréniffime avant que de mourir, & qu'on ne le
prononça pas tout à fait tel qu'on le publie.   On s'étendit
moins fur l'explication des paroles de Jefus Chrift, pour
avoir le loifir de parler du Prince, mais on a crû qu'en mettant ce Difcours au jour, le Lecteur, qui peut fe repofer,
quand il veut, ne feroit pas fâché qu'on traitât ce Texte avec
plus d'étenduë. Peut-être l'a-t-on trop fait.

SERMON

Sur le Verſet 3. du Chap. 17. de l'Evangile ſelon S. Jean.

*C'eſt ici la Vie éternelle, qu'ils te connoiſ-
ſent ſeul vrai Dieu, & celui que tu as
envoyé Jeſus Chriſt.*

ENTRE les graces, que Dieu fait aux Peuples, il y en
a peu de plus importantes, que celle de leur donner de
bons Princes, & de tous les châtimens, dont il les pu-
nit, il n'y en a guéres de plus redoutable, que celui de les
leur ôter.

Comme Dieu ne gouverne pas les Peuples immédiatement
par lui-même, leur proſpérité dépend d'ordinaire des qualitez de ceux, qui les gouvernent par ſes ordres. Ils ſont heureux, quand Dieu, qui a donné de ſon pouvoir aux Princes,
leur a communiqué de ſes vertus, & qu'avec l'Autorité Souveraine ils ont reçû du Ciel les qualitez divines, qui doivent
en régler l'adminiſtration ; quand la Sageſſe éclaire cette Autorité, quand la Juſtice la conduit, quand la Piété la ſanti-

A

fie , quand la Clémence la tempére , quand la Valeur l'affer-
mit & la foûtient. Mais lors qu'il plaît à Dieu de retirer des
Princes de ce caractére , il n'y a guéres d'état plus trifte , ni
de châtiment plus rigoureux. Il femble qu'il enléve avec eux
le repos & la profpérité de leurs fujets, & qu'il les abandonne lui-même en les privant de l'image la plus fenfible & la
plus glorieufe de fa prefence. Leur perte eft pour les Etats,
comme une efpéce de défaillance, où le corps demeure dans
la confternation & dans le trouble, quand ces Têtes puif-
fantes, qui le conduifent, viennent à tomber.

Nous venons, MES FRERES , d'éprouver ces deux états.
Nous avons eu le bonheur de pofféder un des plus grands &
des meilleurs Princes du monde ; un de ces Souverains, que
Dieu donne en fa grace aux Peuples , qu'il aime ; Et nous
venons de le perdre par une mort imprévûë, lors que fa prefence étoit la plus néceffaire à fon peuple & à fa Maifon, &
qu'une fanté ferme & vigoureufe , en apparence, fembloit
nous en affurer la poffeffion pour long-temps. La mort de
cet excellent Prince eft arrivée dans le temps , qu'elle étoit
le plus à craindre, & lors qu'on la craignoit le moins, comme fi Dieu avoit voulu redoubler l'affliction publique , par
tout ce qui la pouvoit rendre plus grande & plus doulou-
reufe.

Mais je ne dois pas appliquer vôtre attention à ces triftes
réflexions, qui ne fe prefentent que trop d'elles-mêmes, &
qui ne font qu'augmenter le deüil de cette journée. Il vaut
mieux au contraire tâcher de modérer ces redoublemens de
douleur, que le fpectacle funébre, qui vient de finir, a cau-
fé dans tous les cœurs, & d'effacer , s'il eft poffible , cette
trifte image de nôtre grand Prince, qu'il y a laiffée. Le fouvenir de fes belles actions & de fes grandes qualitez pourroit
le faire pour un moment, & pour fufpendre l'affliction de fa

mort, il ne faudroit que vous faire l'Histoire de sa vie. Mais des Chrêtiens ont besoin d'une consolation plus solide & plus durable. Ce n'est pas assez pour eux, que les Personnes, qu'ils pleurent, ayent vécu d'une maniére glorieuse, il faut qu'elles vivent encore, & qu'elles vivent même avec plus de gloire, qu'elles n'ont vécu.

C'est-là, MES FRERES, ce qui peut nous consoler de la mort de nôtre bon Maître. C'est même ce qu'il a voulu nous mettre dans l'esprit, quand il a choisi les paroles, que je viens de vous lire, pour être la matiére de son Sermon funébre, & comme l'Inscription de son Tombeau. Sans doute ce Prince Pieux & Sage a voulu détourner nos pensées du Cercœüil, où il devoit être couché, où il excite encore nos larmes & nos regrets, & les porter au Ciel & à la vie éternelle, où il est parvenu. O vous donc, qui pleurez, ou un Epoux, ou un Pere, ou un Prince, ou un Maître, Famille désolée, Sujets affligez, éloignez vos yeux de ce Tombeau, où l'on vient d'enfermer nôtre Prince ; suivez-le dans le Ciel où Dieu l'a élevé, voyez-le revêtu d'une gloire & d'une autorité, plus grande infiniment que cette Majesté mortelle, que la nature & sa dignité avoient imprimées sur son visage, voyez-le, dis-je, avec toute la gloire & l'autorité que les bien-heureux possédent, & comme s'il vous parloit lui-même, écoutez les instructions, que sa foi vous donne par ma bouche, & répondez au soin, qu'il prend lui-même de vous consoler. C'est ici, dit le Prince aprés Jesus Christ, *c'est ici la vie éternelle, qu'ils te connoissent seul vrai Dieu, & celui que tu as envoyé Jesus Christ.*

Il n'y a rien de plus beau, MES FRERES, dans les discours du Seigneur, que ces excellentes paroles. Les plus grandes veritez de la Religion y sont rassemblées, pour en faire l'abregé de l'Evangile & de la Loi. Il est donc trés-important de les méditer avec une grande attention, & d'en bien établir la verité. C'eſt ce que je vais tâcher de faire dans ce diſcours, où je traiterai premiérement de l'objet, que nous devons connoître, & en ſuite de la nature de cette connoiſſance, & de ſa néceſſité par rapport à la vie éternelle. Ce ſont les deux parties de ce Diſcours.

Mais pour vous donner une idée plus diſtincte & plus étenduë de la matiére, que je dois traiter, je diviſerai ces deux parties générales en quatre Articles. J'expliquerai dans le premier la nature du vrai Dieu, & j'établirai ſon unité. Je parlerai dans le ſecond de la Perſonne de Jeſus Chriſt & je ferai voir ſon autorité divine, en qualité d'Envoyé de Dieu. J'examinerai dans le troiſiéme la nature & les cara-ctéres de la connoiſſance ſalutaire, & je la diſtinguerai de la connoiſſance fauſſe & imparfaite des mauvais Chrêtiens. Enfin, je ferai voir dans le dernier Article, que cette con-noiſſance, telle, que je l'aurai décrite, eſt la condition né-ceſſaire & infaillible du ſalut, & qu'il n'y a rien de plus ju-ſte & de plus ſage que l'inſtitution de Dieu à cet égard. La vie éternelle entre fort peu dans ce deſſein, & je n'en dirai qu'un mot en finiſſant, parce qu'il me ſemble que le Seigneur la ſuppoſe ici, & que ſon but eſt ſeulement d'en apprendre les conditions, & non la grandeur, ou la verité.

Voilà, MES FRERES, la matiére & l'ordre de ce Diſcours. Nous parlerons du Prince dans la ſuite, & aprés avoir ſatisfait à ſes ordres par l'explication de ce texte, & aux devoirs de nôtre piété envers Dieu, nous ſatisferons à ceux, que le mé-rite & les bien-faits du Prince même exigent de nôtre recon-noiſſance & de nôtre fidélité.

Jeſus Chriſt parle au Pere, & il le conſidére ſous les deux caractéres de vrai Dieu, & de ſeul Dieu. L'un marque ce qu'il eſt en lui-même, l'autre ce qu'il eſt par rapport aux

Créatures, ou aux faußes Divinitez, que les hommes ont
fervies. Dans le premier le Seigneur attribuë à Dieu l'effence divine, & dans l'autre il ne l'attribuë qu'à lui. C'eſt ainſi
que Jeſus Chriſt conſidére Dieu dans la priére, qu'il lui
adreſſe. La circonſtance eſt remarquable, & l'on ne doit pas
en négliger l'obſervation.

JEſus Chriſt adore ſon Pere ; les yeux élevez au Ciel, dit
l'Evangéliſte, mais l'efprit abattu devant Dieu, il lui
preſente une priére pure & ſoûmiſe, & il le regarde, dans
ce moment, ſous les deux qualitez les plus propres à la priére & à l'adoration. Il voit Dieu, comme le *vrai Dieu*, c'eſt
à dire avec ces perfections infinies, qui compoſent l'idée du
vrai Dieu, qui rempliſſent l'ame d'humilité, de crainte,
d'admiration pour lui, ſentimens, qui forment l'adoration
veritable, & qui ſont eſſenciels à la priére. Il conſidére Dieu,
comme *ſeul*, dans cette parfaite unité, qui le diſtingue des
Créatures, qui l'environnent, & qui empêche l'efprit de porter ailleurs ſes penſées & ſon culte. C'eſt ainſi, MES FRERES,
qu'il faut contempler Dieu, quand on l'adore ; ces deux
vûës ſont également néceſſaires à l'ame, qui s'approche de lui.
Elle doit l'enviſager dans ſa grandeur, comme le vrai Dieu,
pour l'adorer avec un ſouverain reſpect, & dans ſon unité,
pour n'adorer que lui. La premiére de ces vûës inſpire la
piété ; la ſeconde la dirige & l'empêche de s'égarer, & c'eſt
par là qu'elles forment enſemble un culte ſpirituel, & particulier à Dieu, qui peut ſeul lui plaire.

Mais pour examiner ces propriétez divines, que Jeſus
Chriſt attribuë au Pere, je remarque, que l'idée du vrai
Dieu eſt celle d'un Etre infini à tous égards, qui poſſéde toutes
les perfections poſſibles ; qui les poſſéde au plus haut degré,
où elles puiſſent être élevées ; qui les poſſéde éternellement.

I.
PARTIE.

ARTICLE
I.

Ces trois caractéres unis forment l'idée du vrai Dieu.

Premiérement, il posséde toutes les perfections. La sageſſe, la juſtice, la puiſſance, la bonté, l'indépendance, l'immutabilité, l'autorité souveraine, & s'il y a quelqu'autre perfection convenable aux eſprits, elles se rencontrent toutes en Dieu. Car s'il lui en manquoit quelqu'une, il faudroit qu'elle se trouvât au monde, & où seroit-elle ? Ce ne peut être dans un autre Dieu, parce qu'il n'y en a point ; ni dans quelqu'une des Créatures, parce qu'il eſt impoſſible, que Dieu leur eut donné des perfections, qu'il n'auroit pas.

Secondement, il posséde toutes ces perfections au souverain degré, ou plûtôt sans degré, parce que l'infini n'en a point. Car qui pourroit avoir borné les perfections de Dieu ? Il eſt impoſſible qu'il se soit privé lui-même d'un bien, qui augmenteroit sa gloire & son bonheur, & il n'eſt pas moins impoſſible, qu'il eut dépendu à cet égard des Créatures, qui dépendent abſolument de lui.

Enfin, Dieu posséde ces perfections éternellement, & la raiſon en eſt évidente. Car comme il n'y a qu'un seul Dieu, il ne peut avoir reçû ses perfections d'un autre Dieu, & l'on ne ſçauroit s'imaginer, sans la derniére extravagance, qu'elles soient sorties du néant. L'Etre infini ne peut être créé, mais quand il pourroit l'être, comme la moindre des Créatures, il faudroit que ce fut par l'action d'un Dieu tout-puiſſant, qui ſubſiſtât avant lui, & qui fut ce Dieu éternel, que nous cherchons.

Ainſi, pour se former une idée du vrai Dieu, il faut que l'homme raſſemble tout ce qu'il peut concevoir de perfections; qu'il uniſſe dans un Eſprit infini tous ces attributs, qui ont de l'excellence & de la grandeur ; il faut qu'il éléve ces perfections auſſi haut qu'il peut les porter, & qu'il reconnoiſſe en même temps, qu'elles sont encore infiniment plus grandes que ses idées ; il faut qu'il se repreſente une Sageſſe sans

bornes & sans erreur, qui voit & qui régle à la fois, ce qui
se fait au plus haut Ciel, & au fonds des abîmes, dont les
vûës infinies percent toute l'éternité : une Puissance, qui soûtient le monde, & qui le fait mouvoir, que toutes les créatures reconnoissent & que le néant même ne peut arrêter;
une Justice toûjours pure & toûjours incorruptible ; une Bonté, dont non seulement l'indignité, mais le crime des hommes, ne peut empêcher les effets; il faut qu'il voye ces perfections unies en Dieu, s'y conserver éternellement, dans
une parfaite indépendance, sans commencement, sans va-
riation, sans fin ; se répandre dans le monde sans sortir de
lui-même; se communiquer aux Créatures sans perdre rien
de leur grandeur : Il faut, dis-je, que l'esprit conçoive toutes ces choses, qu'il rassemble toutes ces perfections, & il
aura quelque idée, ou plûtôt, quelque ombre du vrai Dieu.

Mais comme cette idée de la Nature divine, que la raison
trouve en elle-même, se voit encore plus distinctement
dans l'Univers, l'Ecriture donne au vrai Dieu le caractére de
Créateur du monde, soit lors qu'elle veut le distinguer des
faux Dieux, & éloigner les hommes de l'idolâtrie, ou lors
qu'elle veut donner une haute idée de ses perfections, & ins-
pirer la Religion, qu'il demande.

Et certes il n'y a point de caractére, qui soit plus propre
à ces différens usages. Il n'y en a point qui distingue mieux
le vrai Dieu. Dés qu'on se le represente comme l'Auteur de
l'Univers, il paroît dans une grandeur si incompréhensible,
qu'on ne peut plus le méconnoître. Non seulement tous les
faux Dieux tombent à ses pieds, confondus avec les plus vi-
les des créatures, mais ils s'évanouïssent, & rentrent dans
le néant, d'où Dieu tire le monde. Secondement il n'y a point
de caractére, qui découvre plus parfaitement les perfections
du vrai Dieu, ce qui fait dire à S. Paul, qu'elles se voyent

comme à l'œil dans fes ouvrages. L'ame prefente dans le corps, qu'elle anime, éclate moins fur le vifage & dans les actions de l'homme, que Dieu & fes perfections infinies ne paroiffent fur la face du monde, dans fon ordre & dans fes mouvemens. Enfin, il n'y a point de caractére, qui foit plus propre à infpirer la Religion.   Rien ne fait mieux fentir à l'homme l'autorité de Dieu fur lui, la dépendance, où il eft de fon pouvoir, la néceffité de le fervir & de l'adorer feul, que la penfée, qu'il eft le Créateur de monde, auquel l'homme doit tout ce qu'il poffède, & tout ce qu'il efpére de biens.

C'eft-là, MES FRERES, l'idée du vrai Dieu, c'eft celle d'un Efprit infini, qui a créé l'Univers, d'où il eft facile de conclure, qu'il n'y a qu'un feul Dieu ; Une femblable Verité, ne peut convenir qu'à un feul Etre, & elle eft même le premier fondement de fon Unité, & le caractére incommunicable, qui le diftingue de toutes chofes.   L'Unité de Dieu eft la preuve de fa Verité.   Il eft vrai Dieu, parce qu'il eft feul Dieu.   Et la Verité de Dieu eft le fondement de fon Unité. Il eft feul Dieu, parce qu'il eft vrai Dieu.   C'eft ce qui faifoit dire fort juftement à un ancien Docteur, qu'il n'y a point de Dieu, c'eft à dire, de vrai Dieu, s'il y en a plus d'un, parce que c'eft le propre de l'Etre infini d'être unique, & que la pluralité le détruit.   La raifon en eft évidente.   L'Etre infini ne peut avoir de fupérieur, parce qu'il y auroit un Etre plus grand que lui ; ni d'égal, parce que fon effence & fon autorité feroient bornées, ce qui détruit évidemment l'idée de l'Etre infini.

Mais quand on voudroit abandonner cette idée, quelle raifon y auroit-il de multiplier la Divinité ? Si l'on fuppofe, qu'il y a plufieurs Dieux, il faut fuppofer auffi, qu'ils ont des perfections infinies, ou limitées.   On ne peut s'imaginer qu'ils ayent des perfections infinies, fans ruiner le fondement de la

pluralité

Tertullien.

pluralité des Dieux. Un Dieu infini fuffit feul à lui-même &
à l'Univers, il eft par tout, il peut tout, & loin que les befoins
des créatures puiffent furpaffer fon pouvoir, elles ne fçauroient
même l'égaler de leurs defirs. On ne peut croire, avec plus de
raifon, qu'il y auroit des Dieux différens, revêtus de perfections
limitées, qui partageroient entre eux la conduite du monde.
Car pourquoi divifer les perfections de la Divinité, qu'un feul
Dieu peut unir en foi-même ? Pourquoi foûmettre le monde à l'empire de plufieurs Dieux , qui peut être gouver-
né par un feul, d'une maniére plus noble , plus parfaite &
plus feure ? Pourquoi s'imaginer des Dieux imparfaits, pour
occuper la place d'un Dieu infiniment parfait , digne d'être
adoré par ces Dieux imaginaires ? Qu'il eft bien plus grand,
plus digne de la Nature Divine, & de la raifon humaine, de
concevoir un Dieu tout-puiffant, qui raffemble en lui-même
toutes les perfections, & qui fuffit feul au monde , que de fe
figurer des Dieux bornez, impuiffans, imparfaits ! Mais que,
dis-je, qu'il eft bien plus grand ? J'affoiblis la verité , & il
faut dire, qu'il eft abfolument néceffaire de concevoir un feul
Dieu , parce qu'il eft impoffible d'en concevoir plufieurs,
fans la derniére abfurdité.

D'où vient que l'on croit, qu'il y a quelque Divinité ? C'eft
non feulement, parce que le Monde fuppofe une Intelligence, qui l'ait ordonné , mais auffi parce qu'il eft néceffaire,
qu'il y ait un Etre éternel, qui fubfifte par lui-même. Mais
l'exiftence de plufieurs Dieux n'a aucune néceffité , ni dans
l'ordre de la Nature, qui ne la demande point, qui la combat même, & qui la rejette ; ni dans l'effence Divine, où
l'on ne trouve aucun fondement à la multiplication. Qu'y
a-t-il dans la Nature Divine , qui oblige à la multiplier, ou
qui faffe même foupçonner, que pour être parfaite, elle
doive être commune à plufieurs Etres, & former plufieurs

Dieux ? Or tout ce qui n'eſt point néceſſaire, tout ce qui ne paroît pas être abſolument vrai, par rapport à Dieu, non ſeulement il ne faut pas le recevoir ; mais il faut le rejetter comme une erreur, parce que Dieu étant un Etre éternel, on ne peut rien imaginer en lui, qui ne ſoit fondé ſur une éternelle néceſſité.

Mais ſi l'on conſidére le Monde, où Dieu a imprimé des caractéres éclatans de ſes perfections, on verra, qu'il s'accorde avec l'idée de la Nature Divine, & qu'il nous conduit comme elle à ne reconnoître qu'un ſeul Dieu. En effet, c'eſt-là, que toutes les Créatures aſſemblées dans un même Univers, dont nous ne connoiſſons point les limites, preſentent à nôtre eſprit, l'unité d'un être infini, qui l'a formé ; que l'ordre de ſes parties, leurs accords malgré l'oppoſition de leurs qualitez, leur dépendance mutuelle malgré leur éloignement, l'informité conſtante de leurs mouvemens, qui pour être ſi divers ou ſi contraires, ne s'arrêtent & ne ſe confondent jamais ; tant d'ordre, de liaiſon, & de dépendance, avec tant de grandeur & de diverſité, tout cela conduit la raiſon à la foi d'un Principe, ſeul éternel, qui a tout réglé par ſa ſageſſe. Elle ne ſçauroit concevoir pluſieurs Maîtres indépendans entre eux, dans un Monde, dont toutes les parties paroiſſent dépendre les unes des autres, & elle s'écrie hardiment ; qu'il y ait donc pluſieurs Mondes, s'il y a pluſieurs Dieux, qu'il y ait des Univers ſéparez par le néant, ſur leſquels chacun régne ſeul, & qu'il ordonne à ſon gré ; mais que ces Dieux, qui n'ont point d'autorité ſur nous, demeurent dans l'obſcurité, où ils ſont ; nous ne leur devons rien, & n'ayant pas beſoin de leur ſecours, il ne faut ni les connoître, ni les ſervir.

Ainſi la vûë de l'Univers conduit l'eſprit à la reconnoiſſance d'un ſeul Dieu, où il arrête ſes penſées & ſon adoration.

Par tout, où il trouve de la composition & de la pluralité, il ne peut s'y fixer. Il demande à aller plus loin, & si on lui parle de plusieurs Dieux, il veut sçavoir, qui les a unis, ou qui les a séparez ? Qui a eu le pouvoir de limiter leur autorité, ou de l'étendre ? Qui a borné leurs perfections, s'ils sont éternels, qui les a créez, s'ils ne le sont pas ? Qui leur a divisé l'empire du monde, & qui a marqué à chacun leurs sujets ? Comment il peut se conserver entre des égaux une union, qui ne s'altére jamais, s'ils n'ont pas la même nature, ou si un Maître tout-puissant n'a pas le soin de les conduire & de les accorder ? Comment une éternelle indépendance peut être accompagnée d'une éternelle union ? Et ne trouvant aucune réponse solide à ces questions, la Raison cherche un seul Dieu, & s'éléve jusqu'à lui. Elle passe au travers de toutes les Créatures, sans s'y arrêter, & elle monte toûjours, jusques à ce qu'elle soit arrivée à cette Unité parfaite & infinie, où toutes ses pensées & tous ses desirs se terminent, comme au Principe & au Centre de toutes choses, où elles trouvent leur origine & leur fin.

Tel est, MES FRERES, le vrai Dieu, celui, que Jesus Christ veut, que l'on connoisse, que la Nature & la Raison nous enseignent, mais celui néanmoins, que le Monde n'a point connu, & sur lequel il a eu des pensées si fausses & si extravagantes, que quand on regarde la nature de l'esprit, & les lumiéres, qui devoient l'éclairer, son aveuglement paroît incroyable. Souffrez, MES FRERES, que je vous represente ici ces pensées des Idolâtres, & que j'oppose les caractéres des faux Dieux à ceux du vrai Dieu.

Le vrai Dieu est un Esprit infini, qui a toutes les perfections possibles, & il n'y a point de défaut, de vice, de déréglement, dont on n'ait trouvé l'exemple dans les faux Dieux. Toutes les perfections de Dieu sont infinies, & tous les défauts des Idoles ont été portez dans un fi grand excés, que les plus méchantes, ou les plus vaines des Créatures, ne fçauroient le furpaffer. Les perfections de Dieu font éternelles, & les faux Dieux ne font rien ; s'ils ont eu quelque exiftence, ils l'ont bien-tôt perduë, & c'eft ce qui rend le crime des Idolâtres plus grand. Ces miférables ont retiré du néant, & ils ont fait vivre dans leur efprit ces objets de leur Idolâtrie, dont le culte devoit au moins périr avec eux. Le vrai Dieu eft le Créateur du monde, & les Idoles font l'ouvrage des mains des hommes, ou ce qui doit paroître plus vain encore, l'ouvrage de leur imagination, mais d'une imagination entraînée par les paffions les plus folles & les plus criminelles. Le vrai Dieu eft unique, & le nombre des faux Dieux eft prefque infini. Dans un temps, où l'on connoiffoit à peine une petite partie de la Terre, les Grecs en ont compté, jufqu'à trente mille, & comme parle S. Gregoire de Nazianze, le monde s'eft vû couvert d'un Peuple de Dieux, juftement ainfi nommez, moins pour leur nombre, que pour leur baffeffe & leur impuiffance.

Comment eft-ce, MES FRERES, que l'homme a été capable de s'égarer jufques-là, de prendre pour le vrai Dieu ce qui n'a aucun de fes caractéres, ce qui en a même de tout contraires ? Comment a-t-il pû fe perfuader, qu'il y a un Dieu, à caufe des lumiéres, que la Raifon & la Nature lui prefentent, & croire ce même Dieu fi différent de l'état, où la Nature & la Raifon le montrent ? Par quelle étrange contradiction, lors qu'une grandeur & une fageffe infinie conduifent l'efprit à la connoiffance d'un Dieu, s'eft-il figuré des Dieux, qui n'ont ni fageffe ni grandeur, ou plûtôt, qui font l'Erreur & la Vanité même ? Il faut reconnoître ici toute la foibleffe & tout l'aveuglement de l'efprit humain, & même toute la févérité du jugement de Dieu, qui le prive de ses lumiéres, & qui le livre à ses propres erreurs.

Il faut pourtant remarquer, MES FRERES, à la gloire de la verité, & de la miséricorde de Dieu, qu'au milieu de ces ténébres de l'Idolâtrie Dieu a conservé de grandes lumiéres dans l'esprit des Philosophes. Ces Sages du monde, appliquez par la Providence à l'étude de la Nature, se sont élevez au dessus des superstitions du vulgaire, & ont reconnu l'existence d'un seul Dieu, qu'ils ont décrit d'une maniére magnifique. On les a vûs le définir, comme Moïse, Celui qui Est, comme Jesus Christ; le seul Bon, comme S. Paul & Saint Jean, le Commencement & la Fin de toutes choses; le representer comme un Esprit incorporel & invisible, qui ne peut être connu ni servi que de l'Esprit; reconnoître en lui une Providence, qui sçait, & qui régle toutes choses, qui dispense les biens & les maux; lui attribuer un Etre éternel & immuable, un Nom ineffable; décrire son Immensité, son Pouvoir, sa Majesté, en des termes dignes de nos Prophetes, & son Culte, par les expressions de l'Evangile; en un mot, on les a ouïs parler de Dieu d'une maniére si pure & si sublime, que leur sagesse ne paroît guéres moins surprenante, que l'égarement des Peuples, avec lesquels ils ont vécu. Heureux, si avec tant de lumiéres, ils avoient glorifié le vrai Dieu, comme ils l'ont connu, & s'ils l'avoient glorifié en Jesus Christ, qui est le second Objet de la connoissance salutaire, que je dois vous proposer.

CE qu'il faut sçavoir de Jesus Christ se peut réduire à deux Articles généraux, sa Personne, & son Ministére. L'un & l'autre est compris dans nôtre Texte. Il faut connoître Jesus Christ; & connoître qu'il est Envoyé de Dieu.

A l'égard de sa Personne, MES FRERES, vous sçavez qu'il est Dieu & Homme. Il est Dieu; il en porte le glorieux

Nom ; il en a les perfections ; il en reçoit les honneurs. Il
eſt Homme ; il s'appelle ainſi lui-même ; il en a les propriétez naturelles ; les affections & les foibleſſes innocentes. Il
eſt, comme le Pere, le vrai Dieu & la vie éternelle ; il eſt,
comme nous, un vrai Homme, & un Homme mortel ; & il
eſt l'un & l'autre, dans une ſeule Perſonne, par un acte immuable de la volonté de Dieu, qui eſt le lien de cette Union,
& par une communication de vertus, de connoiſſance, de
pouvoir, de félicité, que la Divinité répand dans la Nature
humaine, & qui l'éléve à ce degré ſublime de perfection &
d'honneur ; où ſans être changée en Dieu, ni confonduë avec
lui, elle en eſt la plus ſainte, la plus grande, & la plus parfaite image, qui fut jamais.

C'eſt ici, MES FRERES, la merveille propre à la Religion Chrêtienne, le grand Myſtére de ſa piété, le fondement
de ſon ſalut, la gloire de l'Egliſe, de la Nature humaine &
de l'Univers même, & pour dire quelque choſe de plus, la
gloire de Dieu le Pere, & de la Divinité. Tout prend un
nouvel éclat, quand le Seigneur vient au monde, &
Dieu même trouve ſa grandeur dans l'abaiſſement de ſon
Fils. Ce ne ſont point, MES FRERES, de vaines exagéra-
tions. De quelque œil, que l'infidelle regarde ce Myſtére,
il faut avoüer, que l'union de la Nature humaine avec Dieu,
fait toute la gloire des Créatures, & que l'union de Dieu
avec la Nature humaine fait la plus grande gloire de la Divinité.

En effet, ſi on regarde la perſonne de Jeſus Chriſt, par
rapport au monde, elle en eſt l'ornement & la perfection.
Elle le retire de la ſervitude d'un homme mortel & pécheur ;
elle l'unit en quelque ſorte avec Dieu, par l'union d'une
Créature avec lui ; elle donne à l'Univers un prix, que les
plus nobles & les plus parfaites de ſes parties ne ſçauroient

lui donner. En eſt-il quelqu'une, qu'on puiſſe comparer à la Nature humaine de Jeſus Chriſt, qui ait ou la même grandeur, ou la même pureté?

Si on regarde la perſonne du Seigneur, par rapport aux hommes en particulier, on ne peut rien concevoir de plus glorieux pour nous ; Toute la grandeur de l'homme, dans ſa Création, étoit d'être un peu moindre que les Anges ; Jeſus Chriſt l'éléve maintenant au deſſus d'eux. Nôtre chair & nôtre ſang deviennent Alliez avec Dieu, ſi j'oſe parler ainſi, & la plénitude de la Divinité habite dans un homme.

Mais ſi l'on jette les yeux ſur l'Egliſe, c'eſt-là que s'aſſemblent toutes les graces, que le Seigneur apporte au monde, Elle ſeule les poſſéde dans leur perfection. Elle eſt remplie de ſon Eſprit, de ſa juſtice, & de ſa gloire ; Dieu même eſt le Docteur, qui l'inſtruit, le Rédempteur, qui la delivre, le Médiateur, qui la réconcilie avec Dieu, & qui la conduit à lui. Elle trouve ſon Libérateur dans la perſonne de ſon Juge, & elle entre dans une ſi étroite communion avec lui, qu'elle l'a pour ſon Frere, pour ſon Epoux, pour ſon Chef, & qu'elle eſt le Corps même de cet Eſprit éternel, qui anime, & qui conduit le Monde.

Voilà de grands effets de l'Incarnation de Jeſus Chriſt, & de ſon avénement au monde. Mais il ſemble que cette Auguſte Perſonne, qui fait la gloire des Créatures, ſoit la honte de la Divinité ; au moins, c'eſt ainſi qu'en ont jugé les infidelles. Mais qu'ils ſe trompent ! ſi la Divinité eſt humiliée dans la Perſonne du Fils, elle eſt infiniment glorifiée dans la Perſonne du Pere. Que l'incrédule le reconnoiſſe lui-même, & que du fonds de cette humiliation de Dieu, qui le ſcandaliſe, & qu'il ne peut ſouffrir, il voye ſortir la plus grande gloire de la Divinité.

La gloire de Dieu, MES FRERES, conſiſte dans la manifeftation de fes perfections, & dans les honneurs, qu'on lui rend. A ces deux égards, il a été glorifié fi parfaitement en Jefus Chrift, qu'on peut affurer, que le Monde entier l'honore moins, que la Perfonne du Seigneur. C'eft en elle, que toutes les perfections de Dieu éclatent à la fois, fa Sageffe, dans le choix de la Victime, qu'il nous prépare ; fa Miféricorde, dans le don, qu'il nous en fait ; fa Juftice, dans le facrifice qu'il en ordonne ; fa Sainteté, dans les Loix & dans la vie du Seigneur ; fa Verité, dans l'accompliffement de tant d'Oracles ; fa Providence, dans la difpofition des Caufes différentes, qu'il conduit à fa fin ; fa Puiffance, dans les miracles, dans la réfurrection, & dans l'exaltation de Jefus Chrift. Qui ne reconnoîtroit le Maître du monde, lorfqu'on le voit en donner l'empire à fon Fils ? Mais fur tout l'Autorité de Dieu paroît dans une grandeur infinie, par l'abaiffement de cette Perfonne divine, proftérnée devant lui, & anéantie en fa prefence. Par tout ailleurs il ne peut recevoir des hommages dignes de lui ; ils ne font ni d'un affez grand prix, ni d'une affez haute perfection, pour l'honorer dignement, & ce n'eft que dans l'oblation du Fils de Dieu, qu'on trouve ces deux caractéres, qui feuls ont du rapport à la Majefté divine, la fouveraine perfection dans le facrifice, & la fouveraine grandeur dans la Perfonne, qui le fait.

Jefus Chrift eft donc Dieu & Homme, Dieu manifefté en chair, comme parle Saint Paul, & c'eft-là cette grande Verité dont, l'Apôtre veut que l'Eglife foit la Colonne & l'appui, parce que c'eft en effet cette même Verité, qui eft l'appui & la Colonne de l'Eglife & de fa foi. Son devoir & fa gloire font de la foûtenir, fon repos & fa feureté d'en être foûtenuë.

Que deviendroit l'Eglife, MES FRERES, fans la Divinité de fon Rédempteur, & prétendre l'en priver, n'eft-ce

pas

pas lui vouloir ôter toute sa gloire ; enlever à Israël l'Arche de son Alliance, cette Arche, qui est non seulement le Symbole, mais la verité même de la presence de Dieu au milieu d'elle ; dépoüiller la Religion de ce qu'elle a de plus grand & de plus nécessaire, ruiner les fondemens du salut, que l'Evangile nous promet, & remplir nôtre Culte de ce qu'il y a eu de plus monstrueux dans les fausses Religions, qui est l'adoration d'une simple Créature.

C'est en vain, que pour ébranler la foi de l'Eglise les Adversaires de la Divinité de Jesus Christ alléguent les paroles de nôtre Texte. Car sans remarquer, que la disposition des termes de l'original semble unir Jesus Christ avec le Pere, pour n'être avec lui qu'un seul Dieu, & qu'on peut fort bien les traduire ainsi, c'est ici la vie éternelle, qu'ils te connoissent & celui que tu as envoyé, pour être le seul vrai Dieu ; sans s'arrêter, dis-je, à cette observation, supposons, qu'il faut rapporter ici le titre de vrai Dieu au Pere seul, on n'aura pourtant aucun droit d'en conclurre, que Jesus Christ n'est pas Dieu. Pour entendre le sens de ses paroles, il faut en considérer le but, & tout le monde convient qu'il veut établir l'unité de la Nature Divine, contre les Payens, & non détruire la Trinité des Personnes ; exclurre de la Divinité les Dieux des Gentils, & non s'en exclurre lui-même, lui, qui est appellé ailleurs le vrai Dieu & la vie éternelle.

Il ne faut point alléguer aussi, que celui qui est l'Envoyé du vrai Dieu, ne sçauroit être le vrai Dieu lui-même, sans contradiction. Car bien que celui qui envoye, & celui qui est envoyé, ne puissent être la même Personne, il n'est pas impossible, qu'ils ayent la même nature, si cette nature est infinie. L'Evangile ne dit-il pas, que la Parole étoit avec Dieu, & qu'elle étoit Dieu, sans qu'il y ait de contradiction ? Et pourquoi y en auroit-il à dire, que Jesus Christ est Dieu, & qu'il est l'Envoyé de Dieu ?

BIBLIOTHEQUE ROYALE

C

I

La Miſſion du Seigneur & ſa Divinité ne ſont donc point contraires. Il eſt Dieu, par ſa nature, il eſt Envoyé de Dieu, par diſpenſation ; Mais dans cet abaiſſement même, où ſon Miniſtére l'a mis, tout eſt plein de marques éclatantes de ſa Divinité. La Charge, qu'il exerce, eſt au deſſous de la Majeſté divine. Jeſus Chriſt n'a pû la recevoir ſans s'abaiſſer ; mais elle eſt au deſſus de tout autre, que de Dieu. Il n'y a que lui ſeul, qui puiſſe en remplir les fonctions, & en ſoûtenir le poids. Car enfin, aquérir le ſalut éternel ; appaiſer Dieu par une ſatisfaction parfaite ; porter ſans en être accablé, tout le faix de ſa colére ; expier, pardonner, punir le péché ; régner ſur toute l'Egliſe, & ſur l'Univers même ; être ſervi & adoré des Anges ; étendre l'autorité de ſon Nom juſques dans les Abîmes ; tenir dans ſes mains les Clefs de l'Enfer & de la mort ; ouvrir les Cieux ; répandre le S. Eſprit ſur les hommes, & leur donner enfin la vie éternelle, aprés l'avoir aquiſe par ſon ſang ; faire, dis-je, de ſi grands miracles, & recevoir de ſi grands honneurs, ſont-ce des choſes, qui puiſſent convenir, qu'à une Perſonne, qui poſſéde en elle-même toute la Puiſſance & toute la Majeſté de Dieu?

Mais ne nous arrêtons pas à diſputer ici ; pourſuivons nôtre ſujet, & conſidérons la Miſſion du Seigneur dans ſon deſſein & dans ſon exécution. Au premier égard, elle n'eſt qu'une réſolution libre du Pere d'envoyer ſon Fils au monde ; du Fils, d'y venir ſous l'autorité du Pere, pour ſauver les croyans. Deſſein fondé, en général, ſur l'amour de Dieu pour le Monde, & ſur des vûës d'une Sageſſe & d'une Bonté infinie.

Cette réſolution s'eſt accomplie par trois actions divines, dont le Pere doit être regardé comme l'Auteur ; la conception miraculeuſe de la Nature humaine, l'union du Verbe avec elle, la communication des dons & de l'autorité néceſſaires, pour ſauver les Fidelles. C'eſt par ces trois actions, que Dieu a formé le Rédempteur, & qu'il l'a mis au monde. Par la premiére, il y a mis un homme innocent, tel, qu'il le falloit pour être la Victime du péché ; par la ſeconde, un Homme Dieu, tel, qu'il devoit être pour ſatisfaire à la Juſtice Divine, par la troiſiéme, il l'a revêtu de la Charge de Médiateur, & il l'a établi Prophete, Sacrificateur, Roi, de totute l'Egliſe, pour l'inſtruire par la connoiſſance de la verité, pour la racheter & la ſantifier par ſon Sacrifice, pour la conduire par ſon Eſprit, & par ſon autorité.

Ainſi la Miſſion du Seigneur a deux parties, ſon Incarnation & ſa Charge. Lors que Dieu l'a fait homme, il a envoyé ſon Fils au monde ; Lors qu'il l'a établi Médiateur des hommes, il l'a envoyé dans l'Egliſe, & c'eſt proprement cette derniére partie de ſa Miſſion, que le Seigneur a voulu marquer dans nôtre Texte comme l'objet eſſenciel de la Foi. En effet connoître Jeſus Chriſt pour l'Envoyé de Dieu, c'eſt le connoître pour ce Prophete ſouverain, que tous les Prophetes ont déſigné dans leurs Oracles, qui doit accomplir ce qu'ils ont prédit, & révéler, ce qu'ils ont ignoré, en qui ſeul le Pere a mis tous les treſors de ſa ſageſſe, pour les répandre dans le monde ; C'eſt le regarder comme ce Sacrificateur éternel, qui par une ſeule oblation a expié tous les péchez, conſommé tous les ſacrifices, & ſantifié tous les fidelles : C'eſt croire, qu'il eſt ce Roi céleſte & immortel, à qui tout le Monde doit obéïr, & qui ſeul peut ſauver tout le monde, dont le Trône eſt la droite de Dieu, dont l'autorité eſt infinie, dont le régne a l'Univers pour ſon étenduë, & l'éternité pour ſa durée. En un mot, c'eſt connoître Jeſus Chriſt pour celui, que le Pere a ſantifié, pour le Rédempteur de l'Egliſe.

Mais comme cette importante verité pour être reçûë, doit être affermie fur des fondemens folides, il faut tâcher de la bien établir. Et il me femble qu'il ne faudroit pour cela, que fe former l'idée d'un homme envoyé de Dieu, & l'appliquer à Jefus Chrift. Mais il faut bien prendre garde à ne la pas tirer des préjugez de la chair & du fang. Ils nous figureroient quelque Roi mondain, formé fur le modelle de nos paffions, tel que les Juifs fe font imaginez leur Meffie, ou les Payens, leurs Dieux. Il faut donc prendre cette idée dans les caractéres certains de la Divinité, & dans les befoins effenciels de l'homme, parce qu'il s'agit de connoître une perfonne, qui vient de la part de Dieu, & qui vient pour fauver le Monde.

Sur ce principe, je remarque que la mifére de l'homme confifte dans un grand aveuglement d'efprit, à l'égard de fes veritables devoirs & de fes vrais biens, dans une extrême corruption de fon cœur, dans le trouble de fa confcience, dans la mort, & dans tous les maux, qui en font les dépendances néceffaires. D'où il paroît, que pour fatisfaire à fes befoins, il lui faut un Libérateur, fage, pour l'inftruire, jufte, pour le fantifier, puiffant pour le delivrer de la mort. Ce font les qualitez effencielles d'un Rédempteur, deftiné à fauver des hommes ignorans, criminels & miférables. C'eft celui que demandent leurs cœurs, que cherchent leurs befoins & leurs defirs.

Si je confidére en fuite les perfections de Dieu, il n'y en a point, qui paroiffe davantage, que ces mêmes qualitez, que je viens de marquer. Une fageffe, une Puiffance, une fainteté infinie font les attributs effenciels de Dieu, de forte qu'un homme, en qui l'on voit éclater ces perfections, porte un caractére éminent de Divinité, qui fait connoître fon origine.

Ainfi l'idée d'un Libérateur envoyé de Dieu pour fauver

les Pécheurs, est celle d'un Homme rempli d'une sagesse infinie, pour être la lumiére du monde ; d'une sainteté parfaite, pour en être la Justice, d'une autorité sans bornes, pour en être le salut. Voilà les qualitez, que doit avoir le Rédempteur des hommes. Voilà celles de Jesus Christ. Que les plus aveugles le reconnoissent à ces caractéres, qui éclatent dans sa Personne, s'ils les considérent par rapport à Dieu, ils ne sçauroient douter, que le Seigneur ne soit descendu de lui ; & s'ils les comparent à leurs propres défauts, ils ne sçauroient douter aussi, qu'il ne soit venu pour eux. Oüi, MES FRERES, tournez vos yeux sur Jesus Christ. Contemplez la gloire du Fils Unique. Mettez, non vos doigts & vos mains dans ses playes, qui furent les signes de sa Résurrection, mais, si j'ose parler ainsi, mettez vôtre foi dans ces qualitez glorieuses de sa Personne, qui sont les caractéres certains de sa Divinité, & il est impossible, que vôtre foi ne le reconnoisse, & qu'elle ne s'écrie en l'adorant, c'est mon Seigneur, c'est mon Dieu.

En effet, on trouve en Jesus Christ cette sagesse Divine, cette Religion pure & céleste, que le Monde ne peut connoître, & qui est pourtant la seule connoissance nécessaire au monde, qui nous instruit de la Nature de Dieu, de son culte, de nos vrais biens, de nos vrais maux, & des moyens infaillibles d'être heureux. On y trouve cette sagesse, qui doit régler la vie des hommes, & qui imprime dans les paroles, dans les actions, & dans les mœurs du Seigneur, un caractére sublime, qui ne le rend pas moins admirable dans sa conduite, que dans ses miracles. Soit, qu'il ouvre la bouche pour répondre à ses Ennemis, ou pour instruire ses Disciples, pour réprimer les méchans, ou pour commander aux Démons & à la Nature ; soit qu'il régle ses démarches, ses conseils, ses actions, dans les conjonctures les plus délicates

& les plus difficiles de ſa vie, on reconnoît par tout ce Sage, que le Monde n'a pû trouver, & qu'il n'a pû même bien dépeindre, pour n'avoir pas connu le Seigneur.

Secondement on trouve en Jeſus Chriſt cette vertu haute & pure, non ſeulement inimitable, mais inconnuë à la Nature humaine ; que des Tentations, trop grandes, pour être jamais compriſes, ne peuvent altérer ; qui ſe ſoûtient juſques dans les Enfers où Jeſus Chriſt eſt deſcendu, & où l'on ne vit jamais paroître aucune vertu, que la ſienne ; qui ne tire ſa force, que d'elle-même, que de l'obéïſſance, qui eſt dûë à Dieu, du zéle de ſa gloire & du ſalut des miſérables ; Cette vertu, qui comprend tous les devoirs de l'homme, & qui les remplit tous dans leur perfection ; qui aime Dieu ſouverainement, ſans rien diminuer de la charité pour les pécheurs ; qui aime les pécheurs juſques à porter Jeſus Chriſt à leur donner ſa vie, ſans diminuer rien de l'amour de Dieu ; dont l'étenduë, en un mot, égale toute la ſublimité.

Enfin, on trouve en Jeſus Chriſt cette autorité ſouveraine, & propre à la Divinité, qui s'exerce ſur les Créatures indépendantes du pouvoir des hommes, & qui ne reconnoiſſent que celui de Dieu. C'eſt ainſi, qu'on l'a vû marquer ſa naiſſance par la lumiére d'une nouvelle Etoile, & ſa mort par l'Eclypſe du Soleil ; ébranler la Terre, quand il expira, & ouvrir les ſépulchres, lors qu'il y deſcendoit lui-même ; exciter un bruit de tempête, dans un air tranquille, lors qu'il répandit le Saint Eſprit, & appaiſer la Tempête au milieu de ſa fureur, quand il ſauva ſes Diſciples ; calmer la Mer à ſa parole, & marcher ſur ſes eaux ; faire deſcendre les Anges du Ciel, pour le célébrer dans leurs Cantiques, ou pour le ſervir dans les plus importantes occaſions de ſa vie ; forcer les Démons à lui obéïr, par le pouvoir, qu'il a ſur eux ; ou à le confeſſer, par l'évidence d'une verité, qu'ils haiſſent; faire tant de merveilles, à la vûë des hommes, que le monde même auroit peine à en contenir l'Hiſtoire, & ce qui n'eſt peut-être ni moins grand, ni moins glorieux à Jeſus Chriſt, obliger ſes propres Ennemis, convaincus ou convertis par ſes miracles, à reconnoître, qu'il étoit le Fils de Dieu.

Caractéres glorieux de la Miſſion Divine de Jeſus Chriſt, que vous avez d'éclat, de grandeur & de certitude! Toute la pompe du Ciel, qui doit l'accompagner au dernier jour, & toute la Majeſté du Fils Unique, qui paroîtra dans ſa perſonne, pourra-t-elle montrer plus clairement aux hommes, le Juge du Monde, que les caractéres, que je viens de repreſenter n'ont marqué le Sauveur, que Dieu leur envoye? Il y en a pourtant d'autres encore, qui ne ſont ni moins propres à Jeſus Chriſt ni moins certains, tirez, comme les premiers, de la Nature de Dieu & des beſoins de l'homme.

Quand on regarde Dieu en lui-même, ou dans ſes Loix, il paroît revêtu d'une juſtice infinie, non trop ſévére, pour ne faire aucune grace, mais trop inviolable & trop incorruptible, pour laiſſer le crime impuni, & pour abandonner, au mépris des hommes, la Majeſté, l'équité, & la verité de ſes Loix. Cette juſtice ne pouvoit permettre le ſalut des pécheurs, ſans être ſatisfaite; Elle ne pourroit être ſatisfaite que par le ſacrifice d'une Perſonne infinie. Il falloit pour l'appaiſer une Victime, capable de mourir, & de triompher de la mort, dont la ſouffrance égalât, par ſon prix, toutes les peines des Enfers, dont l'obéïſſance méritât tous les biens de gloire; ſi grande & ſi parfaite, que Dieu trouvât en elle un plaiſir infini; ſi foible & ſi ſoûmiſe, qu'il pût lui faire ſentir toute ſa colére; trop ſainte, pour l'abandonner jamais; trop forte, pour ſuccomber ſous la peine, lors qu'il l'abandonne; En un mot, la Juſtice de Dieu demandoit pour

Victime, une Perfonne Divine & humaine tout enfemble, nulle autre ne pouvant donner un prix infini à fa mort & à fon facrifice.

D'autre côté, quand on regarde les Pécheurs, on trouve, qu'ils ont befoin d'un Médiateur, qui ait du rapport à leur nature, & qui n'en ait point, qui puiffe être abaiffé à tout ce que leur condition a de plus miférable, & qui foit infiniment au deffus de leur condition, qui uniffe en lui-même l'infirmité de l'homme, pour fouffrir fes maux, & la Toute-puiffance de Dieu, pour l'en delivrer. La confiance des pécheurs ne pouvoit être affurée fur une perfonne toute foible, comme eux, elle ne fçauroit la foûtenir, ni fur une perfonne fans infirmité, elle ne peut être la victime de leurs péchez.

Ainfi la Juftice & la Majefté de Dieu, le crime & l'infirmité de l'homme, demandoient également un Médiateur foible & puiffant, mortel & immortel, en un mot, Homme & Dieu. Et quel autre, que Jefus Chrift a jamais uni, dans une feule perfonne, des natures fi différentes ? Quel autre a fait voir, dans un homme mortel toute la plénitude de la Divinité ? Quel autre a été déclaré Fils de l'homme, par les foibleffes de la mort, & Fils de Dieu en Puiffance, par la réfurrection des morts, & par tant d'autres miracles, que le Pere a faits, pour juftifier l'autorité Divine de fon Fils.

En effet la Miffion de Jefus Chrift qui paroît dans les qualitez de fa perfonne, éclate de même dans la conduite de Dieu, qui en eft l'Auteur, & fi l'on confidére ce qu'il a fait, foit avant que d'envoyer fon Fils, pour préparer le Monde à le recevoir ; foit pour le faire connoître, quand il a été venu ; foit pour le rappeller à lui, quand fa courfe & fon Miniftére ont été finis ; à quelque égard, dis-je, que l'on envifage la Miffion de Jefus Chrift elle paroît par tout marquée du Sceau de Dieu. Il l'a prédite, il l'a déclarée, il l'a confommée.

Je dis

Je dis premiérement, qu'il l'a prédite. Rappellez, MES FRERES, ces Oracles du Vieux Teſtament, où le Meſſie eſt dépeint par des traits ſi vifs, ſi diſtincts, & ſi ſinguliers, qu'on diroit quelquefois, qu'ils ont été tracez par des Témoins de ſa vie, & non par des Prophetes. Moïſe prédit le temps de ſa venuë ; Daniel en compte les années, & en marque preſque le jour ; Malachie dépeint les qualitez & l'eſprit de ſon Précurſeur ; Michée nomme le Lieu de ſa Naiſſance, & Jacob, la Tribu, d'où il devoit naître ; Zacharie décrit le genre de ſon ſupplice ; David, l'étenduë, la majeſté, la durée de ſon Régne ; Iſaïe fait toute ſon Hiſtoire. Ce grand Prophete, ou ſi je l'oſe dire, cet Evangéliſte de l'Ancien Teſtament prédit la naiſſance de Jeſus Chriſt d'une Vierge ; ſon Incarnation, dans le nom myſtérieux d'Emanuel ; la nature de la Doctrine, qu'il devoit prêcher, & des Miracles, dont il devoit la ſoûtenir ; l'incrédulité des Juifs ; la foi des Gentils ; la force & la plénitude de l'Eſprit, qu'il devoit recevoir, la foibleſſe & la baſſeſſe extérieure de ſa Perſonne ; la pureté de ſa Vie, & la grandeur de ſa Patience ; la cauſe & l'efficace de ſon Sacrifice ; l'infamie & les tourmens de ſa Mort ; l'honneur de ſa Sépulture ; la gloire de ſa Réſurrection ; l'éternité de ſon Régne : Et ce qui renferme preſque toute l'Economie du Fils de Dieu, il prédit les miracles de ſa vie, la ſageſſe de ſa Doctrine, la Divinité de ſa Perſonne, les biens éternels de ſon Régne, dans ces titres auguſtes, qui font le digne éloge du Fils de Dieu : On l'appellera, l'Admirable, le Conſeiller, le Dieu fort & puiſſant, le Pere de l'éternité, le Prince de Paix.

Comment eſt-ce, MES FRERES, que l'Eſprit de l'homme a pû voir, de ſi loin, ces Myſtéres ſublimes, que leur propre grandeur ne lui cachoient pas moins que leur éloignement, qui, depuis leur manifeſtation, ſurpaſſent ſes lumié-

res, & prefque fa foi ? Comment l'efprit humain a-t-il pû découvrir ces fecrets de Dieu, & les voir fi diftinctement au
travers de plufieurs fiécles, lui, qui ne peut voir, dans l'avenir, les confeils des hommes ? Il faut reconnoître ici les lumiéres de l'Efprit infini, qui ont éclairé les Prophetes. Dieu
feul a pû connoître ces grands deffeins, comme lui feul a pû
les former.

Mais il ne s'eft pas contenté de la voix des hommes pour
confirmer la Miffion de Jefus Chrift. Il a voulu la publier
lui-même, & confacrer en perfonne le Rédempteur, qu'il
nous avoit promis, honneur, dont le Fils feul étoit digne.
Permettez-moi, MES FRERES, d'attacher pour un moment
vôtre attention fur ce grand événement, & d'en marquer les
circonftances. Ce fut l'augufte cérémonie de la Miffion du
Seigneur, & le facre du Roi de gloire ; l'appareil n'en fçauroit être plus fimple, ni plus grand & plus magnifique tout
enfemble.

Jefus fortant de l'eau, où il étoit defcendu pour fantifier
le Baptême ; dans l'ardeur d'une priére toute pure ; l'Eglife
univerfelle prefente en quelque forte, S. Jean Baptifte, pour
les anciens Fidelles, lui, qui ne pût voir l'accompliffement
de la Rédemption ; les Apôtres, pour les Fidelles de la Nouvelle Alliance ; le Ciel ouvert, comme pour appeller les Anges à un fi grand fpectacle, ou plûtôt, pour apprendre aux
hommes, que celui, qui alloit être confacré, devant eux étoit
defcendu du Ciel, & devoit l'ouvrir aux Saints ; le S. Efprit,
repofant fur Jefus Chrift fous une forme vifible, afin qu'on
pût voir, où il habitoit, & diftinguer le Chrift de fon Pré-
curfeur; les Cieux & la Terre dans le filence & dans l'admiration, & Jefus Chrift lui-même dans le refpect, on ouït Dieu
le Pere prononcer cet Oracle, témoin de la gloire & de l'autorité du Seigneur. Celui-ci, dit-il, celui fur qui vous voyez

le Symbole de mon Efprit, ce Miniftre de ma grace, n'eft
pas quelqu'un de mes ferviteurs, comme les Prophetes, qui
l'ont précédé ; c'eft mon Fils, mon propre Fils, mon Fils
unique, mon Fils bien aimé, Titre, que mes Anges même
n'ont jamais porté ; c'eft en lui feul, que j'ai trouvé l'accompliffement de ma volonté, & que vous trouverez celui de
vôtre falut ; croyez fa parole, il eft la verité même ; obéïf-
fez à fes Loix, il exerce mon autorité ; en un mot, Ecou-
tez-le.

C'eft ainfi, MES FRERES, que le Pere envoye fon Fils,
& c'eft ainfi même qu'il devoit être envoyé. Il étoit de la
dignité du Fils unique que le Pere en perfonne approuvât fa
Miffion, & qu'il la déclarât au monde. J'avouë que le témoignage de la Nature eft fort glorieux à Jefus Chrift, &
qu'il eft bien grand & bien digne de lui que les Cieux & la
Terre publient fa gloire, de cette même voix, qui annonce
celle du Pere. Mais on ofe dire, qu'il auroit manqué quelque chofe à cette gloire du Fils de Dieu, fi le Pere lui-même
n'avoit publié la grandeur de fa perfonne & de fon autorité.
Ainfi comme on a vû le Fils, à la tête de toutes les Créatures, dont il eft le Premier-né, c'eft à dire, l'Héritier & le Maître, rendre hommage à fon Pere, annoncer fes perfections
& fes bien-faits, éclaircir & confirmer le témoignage, que
le Monde lui rend. De même on a vû le Pere, à fon tour,
fortir, pour ainfi dire, de la lumiére inacceffible, où il habite, prefenter lui-même fon Fils au monde, déclarer de fa
propre bouche l'autorité, dont il l'a revêtu, éclaircir & confirmer le témoignage, que les Créatures lui rendent, & mettre fon cachet fur ces lettres de créance, que l'Univers lui
donne.

Confidérez, MES FRERES, ce concert de témoignages
du Pere & du Fils. S'il eft fort glorieux au Rédempteur, que

Dieu nous a donné, il ne l'est pas moins à la Religion, qu'il
nous a enseignée. L'éclat, qui environne son Auteur, se répand sur elle, & plus la Divinité de Jesus Christ a d'évidence,
plus celle de sa Doctrine a de certitude. Quelles lumiéres
& quel triomphe pour la foi, que d'avoir le Pere pour Docteur, lors qu'il faut connoître le Fils, & le Fils pour Maître,
lors qu'il faut connoître le Pere ! Que les perfections & la volonté de Dieu ont d'évidence & de force, quand elles sont en-
seignées par le Fils ! Que l'autorité du Fils est bien établie, quand
elle est confirmée par le Pere ! De tous côtez c'est la Verité même, qui rend témoignage à la Verité, c'est Dieu, qui
nous conduit à Dieu. Esprit de desobéïssance ou d'erreur,
égaremens d'une ame incrédule, révolte d'un cœur endurci,
cessez pour jamais à la vûë d'une autorité si grande & si certaine. L'Impie peut-il refuser de connoître & de servir un
Dieu, que le Fils de Dieu même lui enseigne, & qu'il sert
avec lui ? l'Incrédule peut-il refuser d'écouter Jesus Christ &
de lui obéïr, lors que Dieu même lui remet son autorité, &
qu'il commande qu'on l'écoute ?

Faut-il néanmoins encore quelque preuve de la Mission de
Jesus Christ. Envoici. Pour être assuré, que c'est Dieu, qui l'a
envoyé au Monde, il ne faut que voir Dieu le rappeller à lui,
& le rappeller même par des degrez, qui ont du rapport à ceux
de son avénement, afin qu'on reconnût par tout la même sagesse & la même autorité : Car comme Dieu l'avoit envoyé
par une naissance miraculeuse, par la descente de la Divinité
sur la Terre, c'est ainsi que l'Ecriture appelle l'Incarnation,
& par l'effusion du S. Esprit sur sa Personne ; De même il le
rappelle par la résurrection des morts, par l'élévation de la Nature humaine au Ciel, & ce qui est le comble de son exaltation, il lui donne le pouvoir de répandre le S. Esprit. Or qui peut
douter que cette Résurrection, cette Assension, ce pouvoir de

donner le Saint Esprit , ce retour glorieux de Jesus Christ à son Pere, ne soit une preuve invincible de sa Mission ? Et il ne faut point, que l'Incrédulité prétende renverser cette preuve en niant la Résurrection de Jesus Christ, qui en est le fondement. Ce grand événement est appuyé sur deux témoignage ; l'un & l'autre impossible à détruire. Le premier est celui des Apôtres, & le second, celui du S. Esprit lui-même.

A l'égard des Apôtres, la pureté de leurs mœurs a fait voir qu'ils étoient incorruptibles ; la constance de leur foi, qu'ils étoient convaincus de la verité ; la grandeur de leur incrédulité, qu'ils n'étoient ni prévenus pour leur Maître, ni faciles à persuader ; leur attention & leur examen, qu'il est impossible, qu'ils ayent été trompez, & l'on ose assurer, que la Résurrection de Jesus Christ a beaucoup moins d'incroyable, que cette pensée. Ces quatre caractéres rendent le témoignage des Apôtres invincible. Mais quand il seroit possible de l'affoiblir, il faut au moins céder au témoignage du S. Esprit, qui en descendant sur les Disciples du Seigneur, aprés sa résurrection, en sçella pour jamais la verité.

Car enfin, qu'un homme, qui va mourir ait la confiance de promettre à ses Disciples un Esprit divin , & le pouvoir de le leur donner aprés sa mort ; que des langues de feu, se posant sur eux, ils parlent dans un moment des langues, qui leur étoient inconnuës ; que le miracle soit aussi public, qu'il est grand ; qu'il arrive à Jerusalem, lors que les Juifs y sont assemblez de toutes parts , pour célébrer une de leurs fêtes, afin que la Résurrection de Jesus Christ ait autant de témoins que sa mort ; qu'on voye revivre dans les Apôtres , animez de l'Esprit du Seigneur, la doctrine, la vertu, l'autorité, qu'on croyoit avoir éteintes dans leur Maître ; que la sagesse du monde soit confonduë par la leur, la violence & la tyrannie vaincuës par leur patience, les maladies, les Démons & la mort, forcez par leur pouvoir, le monde converti par leurs miracles, & par leur Doctrine ; que ces dons éclatans, qu'ils ont reçû de Dieu, fe communiquent avec la foi de Jefus Chrift; qu'ils paffent dans les fidelles par l'impofition des mains des Apôtres, & que l'Eglife inondée, pour ainfi dire, des graces du S. Efprit, étonne le monde, autant par la force & la pureté de fes vertus, que par l'éclat & le nombre de fes miracles, c'eft-là ce qui forme une démonftration fi évidente de la Réfurrection de Jefus Chrift qu'on peut douter, fi la prefence de fon Corps glorieux & immortel la prouveroit mieux aux fens, que la prefence de fon Efprit dans l'Eglife ne la prouve à la foi.

Il faut donc conclurre que Jefus Chrift eft l'Envoyé de Dieu, & qu'on trouve, dans fa perfonne, tous les caractéres d'un Miniftre Divin, & même tous ceux d'une Perfonne Divine. Il ne faut plus que faire voir que c'eft dans fa connoiffance & dans celle d'un feul Dieu que confifte la vie éternelle. C'eft mon fecond point.

<table>
<tr><td>II.
PARTIE.

ARTICLE
I.</td><td>A Parler en général, la connoiffance de Dieu n'eft ici proprement que la foi, ou s'il y a de la différence entre ces deux chofes, c'eft que la foi fuppofe quelque obfcurité dans fon objet, au lieu que la connoiffance y fuppofe de l'évidence. La foi n'eft proprement que pour les veritez cachées, la connoiffance, que pour les veritez évidentes, & comme l'exiftence & les perfections de Dieu, la Perfonne & le Miniftére de Jefus Chrift tiennent de ces caractéres oppofez, l'Ecriture dit également, qu'on les croit, & qu'on les connoît. On les croit, à caufe des ténébres, qu'il a plû à Dieu de laiffer fur ces grandes veritez ; on les connoît à caufe de l'évidence qu'elles confervent. Car on peut dire de ces deux principes de la Religion, ce qu'un Ancien Docteur a dit de Dieu feul. Il eft trop</td></tr>
</table>

Tertullien.

grand pour être connu ; il eft trop grand pour être ignoré ; la force de fa propre grandeur fert tout à la fois à le faire voir & à le cacher.

Mais fans nous arrêter davantage à ces diftinctions, aufquelles Jefus Chrift n'a point d'égard, il fuffit de dire en général que cette connoiffance de Dieu fe confond avec la foi, & pour en expliquer la nature je remarque qu'elle doit avoir trois caractéres. Elle doit être veritable & pure dans fes idées, conftante & certaine dans fes jugemens, fainte dans fes effets. Au premier égard, elle eft oppofée à l'erreur ; au fecond, elle l'eft aux doutes & à l'incrédulité ; au troifiéme, elle l'eft aux déréglemens de la vie. Ces qualitez font effencielles à la connoiffance falutaire, & l'on ne peut les en féparer fans la rendre imparfaite, & inutile. C'eft ce qu'il faut expliquer.

Je dis donc premiérement, que cette connoiffance doit être pure & veritable, parce que ce n'eft pas connoître Dieu ou Jefus Chrift, que d'en avoir des idées fauffes, contraires à leur nature ou à leurs perfections. L'objet de la foi c'eft la verité, quand la foi perd cet objet, & qu'elle embraffe l'erreur, elle n'eft plus la Foi falutaire. C'eft pour cela que les Idolâtres, qui mêloient avec la connoiffance de la Divinité des erreurs déteftables fur fa nature, étoient fans Dieu au monde, au jugement de Saint Paul ; & que les Hérétiques, qui confondoient, avec la foi d'un Jefus Chrift des fentimens pernicieux fur fa perfonne, ou fur fa doctrine, étoient hors de l'Eglife, ou du corps du Seigneur, au jugement de S. Jean. La raifon en eft évidente. Ce Dieu que l'Idolâtre adore, ce Jefus Chrift que l'Hérétique confeffe, ne font qu'un faux Dieu & un faux Jefus Chrift, & quand le vrai Dieu ne puniroit pas en eux des erreurs fi condamnables, de quelle utilité pourroit être pour leur falut, une Religion, dont les objets ne font dans le fonds que des illufions de leur Efprit ? Il faut que leur culte foit auffi vain que la Divinité, qu'ils fervent, & qu'une fauffe efpérance foit la peine d'une fauffe Religion.

Il eft jufte pourtant, MES FRERES, que la prudence & la charité donnent ici des bornes à nos jugemens, & qu'elles nous empêchent de confondre les erreurs innocentes ou legéres avec les erreurs funeftes. Tous les égaremens de l'Efprit ne font pas également dangereux, & pour être privé de la vie éternelle ce n'eft pas affez d'être dans quelque erreur. Il faut rejetter formellement quelqu'une de ces veritez fondamentales, que Dieu nous a révélées dans une grande évidence, qui font effencielles à l'honneur & à l'obéiffance, qui lui appartiennent, & qu'on ne peut nier fans détruire évidemment, ou la nature de la Religion, ou la nature de fon objet.

Le fecond caractére de la connoiffance falutaire, c'eft la certitude. Je veux dire, que la verité, doit être imprimée dans l'ame par la foi, & affermie contre l'inconftance, les doutes, les illufions, qui fe joüent d'ordinaire de l'efprit humain & de fes jugemens. Une perfuafion legére & douteufe des veritez, que Dieu a révélées, eft injurieufe à fon autorité, elle l'accufe d'erreur ou de menfonge, & loin qu'elle puiffe donner à l'homme du repos & de la vertu, elle eft elle-même criminelle, & toûjours pleine d'inquiétude. Car comment eft-ce, qu'une verité, qui flote, pour ainfi dire, dans un efprit agité de doutes, où elle n'a aucune fituation certaine, feroit capable de lui donner de la tranquillité, de l'affermir dans les tentations, & de le porter à une vertu difficile, fi elle eft elle-même le joüet des opinions d'un efprit aveugle & leger ? Il faut qu'elle s'évanoüiffe aux moindres efforts de l'erreur, & qu'elle laiffe l'ame en proye aux illufions du menfonge & du péché.

C'eft

C'eſt auſſi pour cela que l'Ecriture preſſe avec tant de force la néceſſité de la foi. Cette vertu eſt le ſeul fondement de
la piété , & l'édifice ſpirituel de nôtre ſantification , pour
ſuivre les idées de l'Evangile , ne peut avoir d'élévation ni de
ſolidité , qu'à proportion , que la foi , qui le ſoûtient , a de
force & de profondeur. Quand elle eſt foible , le fidelle eſt
toûjours vaincu ; mais quand elle eſt bien affermie ſur l'autorité de Dieu, il eſt invincible. Elle lui donne toute cette
force , & cette grandeur d'ame , que l'on admire dans les
grands hommes du Paganiſme, ſans lui donner leur orgueil;
elle égale toute la hardieſſe & tous les efforts de la vertu humaine, ſans en avoir la témérité , & ſans être ſoûtenuë, comme elle des paſſions, dont elle eſt l'ouvrage.

Ce ne ſont point , MES FRERES , de vaines loüanges
que je donne à la foi , & l'expreſſion eſt peut-être encore au
deſſous de la verité. Combien de fois a-t-on vû des ames ,
naturellement timides , qui n'avoient que peu de connoiſſance , avec beaucoup de certitude , réſiſter à tous les artifices
du menſonge , & à toute la violence des tourmens. Origene
l'a remarqué. On voyoit de ſimples fidelles, qui ne ſçavoient
que les principes de la Religion , ſoûtenir ſans s'ébranler les
plus grandes tentations ; conſerver leur eſpérance & leur foi
dans la perte de toutes choſes ; perſévérer , juſques à la mort,
dans une vertu pure , & dans une patience invincible , & égaler enfin, cette piété conſtante & ſublime des Héros des premiers temps, dont S. Paul a fait l'éloge dans l'Epitre aux He-
breux, pour faire celui de la Foi.

Cette piété dont je parle , & qui eſt le fruit de la foi, eſt
la derniére condition de la connoiſſance ſalutaire. L'Ecriture, qui comprend ſous la connoiſſance de Dieu, par rapport
aux hommes , l'amour qu'il a pour eux , comprend de même dans la connoiſſance du fidelle par rapport à Dieu , l'a-

E

mour qui lui eſt dû. Elle dit qu'on ne le connoît pas, quand on ne le ſert point, ou qu'on le connoît, quand on l'aime.

Ce langage de l'Ecriture eſt fondé ſur le deſſein de la Religion, & ſur la nature de ſon objet. Le deſſein de la Religion n'eſt pas de contenter la curioſité de nôtre eſprit, en lui faiſant connoître Dieu. Elle veut rendre l'homme plus ſage, plus juſte, & plus heureux ; C'eſt où tendent toutes ſes Loix, & tous ſes Myſtéres, & ceux-là même, qui ſemblent avoir moins de rapport à ce but, ne ſont que des voyes plus cachées d'y conduire l'eſprit. C'eſt pourquoi S. Paul dit des plus grands Myſtéres de la Religion, que ce ſont les Myſtéres de la Piété.

Mais outre cela, les objets de la Religion ont une efficace naturelle, qui vient de leur excellence & de leur grandeur, & qui porte la piété dans l'ame, où ils ſont reçûs. Ce qui faiſoit dire fort juſtement à l'un de ces Anciens Défenſeurs de la Doctrine Chrêtienne, que la Religion & la ſageſſe, c'eſt à dire, la connoiſſance & le ſervice de Dieu, ne pouvoient être ſéparez, parce que le même Dieu, que la ſageſſe nous fait connoître, eſt celui que la Religion doit adorer. Et certes il eſt impoſſible de ſéparer ces deux choſes ; la Nature de Dieu ne peut le permettre, & quand il eſt bien connu de l'eſprit, il s'en fait adorer par une impreſſion néceſſaire & invincible. Comment eſt-ce, MES FRERES, qu'un homme raiſonnable peut être bien perſuadé de l'exiſtence de Dieu, de ſa puiſſance, de ſa juſtice, de ſa ſageſſe, ſans le craindre, & ſans le ſervir, ſans tomber à ſes pieds à la vûë de ſa grandeur, ſans trembler à la vûë de ſes jugemens ? Comment peut-on croire, qu'il a livré ſon Fils, pour des pécheurs, & racheté le monde par un Prix, que le Monde même ne ſçauroit égaler, ſans être touché d'une reconnoiſſance infinie ? Comment peut-on voir Jeſus Chriſt ce Fils de Dieu,

voyez *Jean* 8. *v.* 55.
1. *Jean* 2. 3. 4.

Lactance.

exercer sur la terre l'autorité de son Pere ; enseigner la vertu dans une pureté, qu'on n'avoit point encore ouïe, & soûtenir ses préceptes par des exemples, qui en égalent toute la perfection ; confirmer sa Doctrine par son propre sang aussi bien que par ses miracles ; justifier par sa mort les menaces, qu'il fait aux pécheurs , & par sa Résurrection, les espérances, qu'il donne aux justes ; promettre le Ciel, & y monter le premier à la vûë de ses Disciples ; en un mot, vérifier en soi-même toute sa Doctrine, la nécessité de la vertu par son obéïssance, & la verité des peines, ou des récompenses, par la mort, qu'il a soufferte, ou par la gloire, où il est monté; Comment, dis-je, peut-on connoître toutes ces grandes veritez, & en être persuadé, sans qu'elles remplissent l'ame des vertus, que la Religion exige d'elle.

J'avouë, MES FRERES, que si la connoissance du fidelle étoit superficielle & douteuse, elle pourroit être sans vertu ; mais elle est profonde & certaine, il faut qu'elle soit efficace.

La connoissance de Dieu & de Jésus Christ, que la foi nous donne, est si vive & si claire, qu'elle est comme une presence de ces grands objets dans l'esprit, & qu'elle doit faire en nous tous les changemens, qu'une presence visible seroit capable d'y causer. La foi, selon les expressions de l'Ecriture, est une démonstration des choses, que l'on ne voit point, & une subsistance de celles, que l'on espére. Elle les presente à l'ame d'une maniére si évidente, & si certaine, que c'est voir l'invisible, & le contempler à face découverte. Or que ne peut point dans la conscience de l'homme une semblable presence de Dieu?

Que le Seigneur se léve, disoit le Prophete, & ses Ennemis seront dispersez ; il les chassera, comme la fumée est chassée par le vent ; ils se fondront en sa presence, comme la cire

fe fond devant le feu. Mais que le Seigneur paroiffe dans la
confcience, qu'il y répande par fon Efprit cette lumiére de
fa gloire, qui eft dans la face de Jefus Chrift; qu'il y laiffe
voir cette Majefté redoutable, que les abîmes n'ont pû voir
fans trembler jufqu'au fonds; qu'il y faffe entendre fes Loix,
fes jugemens, fes promeffes, fes bien-faits; Et l'on verra,
dans un moment, fes Ennemis fe confondre & s'anéantir;
toutes ces penfées & ces affeêtions, qui font la guerre à l'a-
me & à Dieu, s'évanouïr en fa prefence; les vertus naître
& s'élever de tous côtez, fous les regards de Dieu, qui en
eft le Pere & l'Auteur, & l'ame enfin le voyant en partie tel,
qu'il eft, commencer de même à devenir femblable à lui, jufques à ce qu'elle foit parfaitement transformée dans l'image,
qu'elle contemple.

C'eft donc ainfi, MES FRERES, que la connoiffance
de Dieu eft le principe naturel & néceffaire de la piété, &
c'eft ce qui oblige Jefus Chrift à les comprendre ici l'une &
l'autre fous le feul mot de connoître Dieu.

Mais que l'expérience nous oppofe ici une grande difficulté! Il n'y a rien de plus ordinaire, que de voir les hommes
unir, dans un même efprit, la foi d'un Dieu & d'un Rédempteur, avec des mœurs déréglées, des idées trés-pures & trés-
élevées avec des attachemens trés-bas & trés-corrompus. On
entend quelquefois les hommes difcourir de la vertu, d'une
maniére, qui ravit, & qui furprend, & parler de Dieu & de
leurs devoirs avec tant de fageffe, qu'il femble, que les Anges même n'en fçauroient mieux parler. Mais tout d'un coup,
oubliant leurs difcours & leurs maximes, on diroit, qu'ils
ne connoiffent plus ni Dieu, ni leurs devoirs, & on les voit
égaler dans leurs aêtions tout ce que le malin efprit a de plus
méchant, & de plus déteftable.

D'où peut venir un defordre fi prodigieux? La Religion

eſt-elle en effet trop foible pour changer le cœur, ou le poids des biens du monde, eſt-il trop grand, pour être emporté par celui des biens à venir. Non, MES FRERES, la Religion ne manque ni de force ni de verité ; l'incrédulité de l'homme, eſt la vraye cauſe de ſon endurciſſement. Reconnoiſſons ici toute la grandeur de nôtre corruption, & ne pouvant juſtifier nos mœurs, juſtifions du moins la Religion, qu'elles accuſent.

Dans les premiers temps du Chriſtianiſme, dans ces temps heureux, où la connoiſſance de Jeſus Chriſt s'établiſſoit par tout, les Chrêtiens prouvoient aux infidelles la verité de la Religion, par la force qu'elle avoit de changer les cœurs, & de dompter les plus violentes paſſions. Pourquoi faut-il que l'incrédule combatte à ſon tour cette verité, par un ſemblable raiſonnement, & que dans nôtre ſiécle, il accuſe la Religion de foibleſſe & d'impoſture, parce que les paſſions triomphent d'elle ? Les premiers Chrêtiens donnoient des armes à la verité par leur vertu, nous en donnons à l'incrédulité par nos crimes. Ecoutez, à la gloire de la Religion, & à la honte de ceux, qui font profeſſion de la ſuivre, les Diſcours de ces Anciens Diſciples du Seigneur.

Donnez-moi, diſoit l'un d'entre eux, oppoſant la foibleſ- *Lactance.* ſe de la Philoſophie à la force de la parole de Dieu ; Donnez-moi un homme emporté juſqu'à la fureur, & avec peu de paroles divines, je le rendrai doux comme un Agneau. Donnez-moi un Avare, & il répandra tous ſes treſors à pleines mains. Donnez-moi un homme timide & ſenſible à la douleur, & il ira mépriſer les plus redoutables tourmens. Donnez-moi un débauché, & dans le moment, il deviendra ſobre & continent. Donnez-moi un homme cruel & ſanguinaire, & toute ſa fureur va ſe changer en clémence. Telle eſt, ajoûte le Docteur Chrêtien, telle eſt la force de la ſageſſe Divine. Dés qu'elle eſt entrée dans l'eſprit de l'homme, elle en bannit auſſi-tôt l'erreur, & tous les vices, dont l'erreur eſt la Mere.

C'eſt-là, MES FRERES, le langage des Anciens Fidelles. C'eſt ainſi, que la Religion triomphoit de l'erreur & du péché, & que la connoiſſance du vrai Dieu, accompagnée de celle de Jeſus Chriſt, ne laiſſoit dans les ames ni ténébres ni déréglement. Et ne croyez pas, qu'il n'y ait eu que les Chrê‑tiens, intéreſſez à vanter leur Religion, qui ayent admiré cette efficace divine ; Les Payens eux-mêmes en ont été ſur‑pris, & ne voulant pas reconnoître la vertu de Dieu dans ces changemens ſi grands & ſi prompts, ils accuſoient les Chrê‑tiens de gagner les hommes par des ſuperſtitions de Magie, ce qui fit dire dans la ſuite à S. Chryſoſtome, que les char‑mes, dont les Chrêtiens ſe ſervoient, n'étoient que la Croix & le Nom de Jeſus.

V. Origene cont. Celſus.

Ce n'eſt donc pas à la foibleſſe de la verité, qu'on doit attribuer les vices d'un homme, qui la connoît. C'eſt à la foibleſſe de ſa connoiſſance. Quoi qu'il paroiſſe fidelle, éclai‑ré ; il y a de l'ignorance dans ſa connoiſſance, & de l'incré‑dulité dans ſa foi. Un pécheur, qui viole conſtamment la Loi de Dieu, quoi qu'il puiſſe proteſter, ne la croit pas ve‑ritable. Il fait contre elle, en ſecret, mille raiſonnemens con‑fus, qu'on ne ſçauroit bien déveloper. Il apporte mille ex‑ceptions à ſa verité, ou à ſon étenduë. S'il n'eſt pas incrédu‑le, il eſt prêt de le devenir, & s'il ne croit pas que l'Evan‑gile eſt faux, il n'en connoît bien ni l'excellence ni la certi‑tude.

D'ailleurs le Monde, qui remplit un pécheur de ce cara‑ctére, l'occupe tout entier. Il ne laiſſe, dans ſon eſprit ni dans ſon cœur, aucune place aux objets de la Religion, & ne s'arrêtant jamais à les conſidérer, ce pécheur tombe à leur égard dans une efpéce d'ignorance volontaire, qui n'eft qu'un défaut d'attention. Si la Prédication de l'Evangile, ou la lecture de l'Ecriture fainte, prefentent quelquefois ces objets à fa penfée, il en perd auffi-tôt la vûë & le fouvenir. Il n'a pas la force d'y attacher fes réflexions, pour en comprendre le prix infini, & pour fe remplir de l'efpérance & du defir de les poffeder, de forte qu'ils ne peuvent faire fur lui que des impreffions legéres, que le monde efface dans un moment.

Ainfi la connoiffance d'un pécheur endurci n'eft qu'un mêlange de lumiéres & de ténébres, de foi & d'incrédulité; qu'une illufion d'une confcience timide & criminelle. Il regarde quelquefois les objets de la Religion, pour fe flâter de quelque efpérance de falut, mais il en détourne auffi-tôt les yeux, parce que leur vûë trouble fon repos & fes plaifirs. Il veut les découvrir, pour fe donner un repos funefte. Il en éloigne la vûë, pour s'abandonner au péché fans de grandes difficultez ; De forte que les voyant quelquefois, & les perdant auffi-tôt de vûë par des intérêts oppofez, attentif pour un moment à leur lumiére, & détourné dans un autre moment par l'effort de fon penchant, il nous fait voir cette connoiffance imparfaite, fuperficielle, incapable de changer le cœur, qui loin de donner aucun droit à la vie éternelle, ne fert qu'à rendre le péché plus grand & la peine plus rigoureufe.

JE m'étends beaucoup, MES FRERES, fur la connoiffance de Dieu, parce qu'il eft important d'en bien examiner la nature & les caractéres. Il faut faire voir maintenant, que la vie éternelle confifte dans cette connoiffance, c'eft à dire que cette connoiffance eft le moyen infaillible & néceffaire d'obtenir le fouverain bien. Car c'eft-là la penfée du Seigneur. Il

II.
PARTIE.

ARTICLE
II.

Voyez des maniéres de parler fembla-bles, Jean 3. v. 19. II. Pier. 3. v. 15. & Jean 12. v. 50. ou Jefus Chrift dit, *Et je fçai que fon commande-ment eft la vie éternel-le,* c'eft à dire, le moyen d'obtenir la vie éter-nelle.

n'a pas prétendu expliquer la nature de la vie éternelle, il a voulu feulement en marquer les conditions, c'eft à dire, les devoirs, que Dieu exige des hommes pour la leur donner; c'eft là vifiblement la penfée de Jefus Chrift.

Pour en établir la verité, il faut fuppofer ce que le Seigneur a fuppofé lui-même, c'eft qu'il y a une vie éternelle. Dieu, qui a créé une ame immortelle, a fans doute ordonné des moyens de lui procurer un bonheur éternel. Ce deffein pa-roît lié parfaitement avec les perfections de Dieu, & avec la nature de l'ame même. Pourquoi un Etre infiniment fage & bon auroit-il créé des Etres immortels avec des defirs in-vincibles d'être heureux, s'il ne leur avoit donné des moyens de le devenir ? Je cherche donc quels font ces moyens. L'E-vangile nous apprend que c'eft la connoiffance de Dieu & de Jefus Chrift, je dis cette connoiffance, que S. Paul appelle, felon la piété, qui renferme la foi & l'obéïffance, en un mot, celle que j'ai taché de décrire. C'eft ce qui eft répandu dans toute l'Ecriture ; ce que Jefus Chrift a enfeigné. Le Maître lui-même l'a dit, l'on n'en peut douter.

Suppofons néanmoins qu'on le puiffe ; l'autorité de Jefus Chrift aura bien-tôt diffipé ces doutes, & raffuré nôtre foi. Ce Maître, MES FRERES, ce Légiflateur, qui nous parle d'une vie éternelle , & qui veut nous porter à l'obfervation de fes Loix par de fi hautes efpérances, qui eft-il ? Eft-ce quelqu'un de ces Philofophes , qu'on a ouïs difcourir dans les Ecoles du fouverain bien & donner des préceptes pour l'aquérir ? Non, ces grands hommes, n'ont eu, ni affez de lumiére, pour connoître le veritable bonheur de l'homme, ni affez d'autorité pour le promettre, & leur propre mifére a fait voir, dans leur perfonne , la vanité de leurs raifonne-mens. Il y auroit de la témérité à efpérer , de leur fageffe, un bien qu'elle n'a pû leur procurer. Il y en auroit même à

l'efpérer

l'espérer de Jesus Christ, si l'on trouvoit en lui, les défauts des Philosophes, ou plûtôt, si l'on n'y trouvoit pas des perfections opposées. Mais on y rencontre, une sagesse profonde, qui a découvert la nature du souverain bien, que l'homme cherche ; une autorité souveraine qui soûtient dignement toute la grandeur des espérances, qu'il donne ; un exemple éclatant, qui sert de preuve à la seureté de ses préceptes. Rassemblez, MES FRERES, ces trois caractéres qui sont en Jesus Christ, & voyez comment tout ce qu'il y a de grand & de merveilleux dans sa Doctrine est soûtenu par les qualitez divines de sa Personne.

Premiérement, c'est un Législateur, descendu du Ciel, qui exerce le pouvoir de Dieu, qui est plein de son Esprit, a qui la nature même est soûmise, qui mérite toute la confiance des hommes par ses vertus, & toute leur obéïssance par son autorité. Rappellez dans ce moment toutes ces preuves de la Mission de Jesus Christ que je vous ai rapportées, & vous jugerez vous-même, qu'il y auroit non seulement de l'endurcissement & du crime, mais de la folie, à lui refuser sa foi.

Secondement, c'est un Législateur, qui seul a bien connu le souverain bien de l'homme. Au lieu de le chercher dans le repos de l'ame, établi sur la force de la raison, & sur l'extinction des passions ; dans les connoissances de l'esprit, dans l'usage des plaisirs, ou dans ces autres biens, imaginaires ou criminels, où les hommes l'ont cherché vainement, Jesus Christ s'est élevé au dessus de la vie presente, & des choses qui périssent, pour trouver le souverain bien, dans une vie à venir, & dans une vie éternelle, qui a seule du rapport avec un Esprit immortel.

Enfin c'est un Législateur, qui a justifié par son exemple, la certitude de ses préceptes, & dissipé tout ce que la grandeur de fes promeffes, leur donnoit d'incroyable. Une vie éternelle charme le cœur de l'homme, mais elle excite fa défiance ; plus elle égale tous fes defirs, plus elle furpaffe toutes fes efpérances, & pour lui en perfuader la verité, il ne falloit pas moins, que lui en donner un exemple. C'eft ce que Jefus Chrift feul a fait. Il a manifefté le chemin des lieux faints, en y montant le premier ; La vie & l'immortalité, fi obfcures d'elles-mêmes, ont été mifes en lumiére, par l'Evangile, & par la Réfurrection du Seigneur.

Que ces caractéres font beaux, qu'ils font différens de ceux des Philofophes, qu'ils donnent d'évidence & de certitude aux paroles de Jefus Chrift ! Qui croirai-je fur les devoirs de la Religion, & fur les biens, qu'elle promet, fi ce n'eft ce Légiflateur, qui ayant toute l'autorité de Dieu, doit en avoir toute la fageffe ? Qui croirai-je fur la nature du fouverain bien, fi ce n'eft ce même Légiflateur, qui feul l'a bien démêlé, dans la nature de l'ame, de fa foibleffe, & de fes defirs ? Qui croirai-je enfin, fur les moyens de l'obtenir, que ce Légiflateur, qui eft monté au Ciel, qui poffède le fouverain bien, & qui a fait voir dans fa perfonne, qu'il fçavoit les voyes infaillibles d'y parvenir.

Mais quoique l'autorité de Jefus Chrift foit la preuve invincible de la verité, & qu'il n'y ait rien, qui puiffe en affoiblir ou en égaler la certitude, ne laiffons pas de regarder cette même verité par tous les côtez, où elle peut être confidérée.

Dieu veut donner à l'homme une vie éternelle ; je l'ai déja dit. Il n'y a rien de plus digne de fes perfections, de la nature de l'ame, & même du facrifice du Fils Unique. L'abaiffement & les fouffrances d'une Perfonne infinie font d'un fi grand Prix, qu'il eft impoffible que Dieu les eut ordonnées pour aquérir des biens périffables.

Mais l'homme étant un Etre intelligent & libre il ne doit posséder le bonheur, que Jesus Christ lui a mérité, que sous quelques conditions.   Qu'on les cherche, ces conditions, dans le Monde, qui est le premier Maître, que Dieu nous a donné pour nous instruire, dans le cœur de l'homme, & dans les perfections de Dieu, & l'on verra qu'il n'y en a point d'autre que celles, que Jesus Christ nous a proposées, & que toutes nos lumiéres conspirent avec lui à nous persuader, qu'il faut connoître un seul Dieu pour être heureux.

Si l'on jette les yeux sur le monde, on ne peut douter, que le dessein du Créateur n'ait été de se faire connoître. D'un côté il a rempli l'Univers des caractéres de ses perfe-ctions, & de l'autre, il a mis dans l'ame une idée de l'Etre infini, si propre & si commune à la nature humaine, qu'elle semble née avec nous, ou du moins, tellement unie avec les principes de la raison, que l'esprit la découvre, dés qu'il fait réflexion sur lui-même, & sur la Nature.

D'où vient cet ordre de la Providence ? Pourquoi ces lumiéres dans le monde, ces idées dans l'esprit de l'homme? Faut-il y penser un moment, pour appercevoir le dessein de Dieu ? Quand on voit, que la Nature a donné des yeux aux animaux, & qu'elle leur presente des objets, il n'y a personne qui ne juge, que le dessein de la Nature a été de les faire voir. Voici la même disposition : des yeux, dans une intelligence éclairée, des objets, dans les perfections de Dieu; & l'on ne sçauroit douter, que l'Auteur de cette disposition, n'ait voulu se faire connoître à l'homme. D'où il paroît, que c'est un grand déréglement à une Créature raisonnable, que de méconnoître Dieu, & pour parler avec un Ancien Do- *Lactance.* cteur, ce n'est pas un moindre crime d'ignorer le Pere & le Maître de toutes choses, que de l'offenser.

Mais ce n'est pas tout. Dieu doit être adoré. Ses perfections

& fes bien-faits, méritent l'amour & l'obéïffance des hommes ; & c'eft fans doute pour cela qu'il s'eft manifefté. Sa
connoiffance doit être le principe de l'adoration, qui lui eft
dûë, & comme une lumiére dans l'efprit, pour lui découvrir la nature de la Religion, qui ne peut être légitime, fi
elle n'eft réglée fur fes perfeftions ou fur fa volonté. Qu'A-
thénes proftituë des Autels à des Dieux inconnus, & Rome à
des Dieux incertains, c'eft par une fuperftition folle & té-
méraire, également indigne de la raifon de l'homme & de la
fageffe de Dieu. La veritable Religion doit être réglée par la
connoiffance, & la veritable connoiffance doit être un principe certain & infaillible de Religion.

Remarquez bien, MES FRERES, l'enchaînure de ces
principes ; voyez la Religion fortir des fources de la Nature,
& fa néceffité fe produire par tout.

Peut-on nier que Dieu n'ait imprimé dans l'Univers des
marques de fon exiftence & de fes perfeftions, qu'en les y
mettant, il n'ait eu deffein de fe faire connoître, que cette
connoiffance n'ait eu pour but la gloire & l'adoration, qu'il
mérite ? Que l'Impie s'aveugle tant qu'il voudra, qu'il étei-
gne fes lumiéres naturelles ; il ne fçauroit nier fans extravagance ces veritez fondamentales, il ne fçauroit les approu-
ver fans en être confondu. La Religion, que Jefus Chrift a
enfeignée, s'éléve d'elle-même fur ces fondemens, que Dieu
lui a préparez dans le monde & dans la raifon, & l'on voit
toute la juftice de cette inftitution de Dieu, qui a voulu que
fa connoiffance & fon culte, fut la condition de la vie éternelle. Car qu'y a-t-il de plus raifonnable, que de connoître
Dieu, qui fe montre ; de le glorifier, quand on le connoît ?
Et qu'y a-t-il de plus injufte au contraire que de l'ignorer, ou
de ne le pas fervir ?

Mais cette néceffité de connoître Dieu eft fi claire & fi naturelle, qu'il ne faut pas la chercher hors de l'homme même. Il est né pour Dieu, & la Religion trouve ses fondemens dans la nature de son ame. Il a un esprit, qui pense, & qui connoît; une volonté capable d'amour ;   l'un a été formé pour la verité, l'autre pour le bien. Et quelle est cette verité, que l'homme doit connoître ? Quel est ce bien, qu'il doit aimer, & qui peut le rendre heureux ? Cet esprit a-t-il été créé simplement pour étudier la Nature, les Sciences, les Arts, sans s'élever jusqu'à Dieu ? Cette Volonté a-t-elle été formée pour aimer les plaisirs, la gloire, les tresors ? Est-ce là sa félicité ? Que l'homme le dise lui-même, s'il a la hardiesse de l'assurer. Ah ! Dieu a créé l'homme pour lui ; Il est la premiére verité, il est le souverain bien, & c'est pour le connoître & pour l'aimer, que l'homme a été formé ; en un mot, c'est pour la Religion, que Jesus Christ a enseignée.

Mais allons plus loin encore : élevons-nous du cœur de l'homme jusques à Dieu, & reconnoissons par tout la même verité. Quel devoir un Dieu juste & sage peut-il exiger d'une Créature raisonnable, que la sagesse & la justice, ces vertus, si conformes à la nature du Légiflateur, aussi bien qu'à celle de l'homme ? Ecoutez la déclaration de Dieu même sur ce sujet. Que le Sage, dit-il, par la bouche de ses Prophetes, ne se glorifie point dans sa sagesse, le fort dans sa force, le riche dans ses tresors, mais que celui qui se glorifie, se glorifie en ce qu'il me connoît ; car c'est-là ce qui m'est agréable, dit l'Eternel. Oüi, MES FRERES, c'est cette connoissance seule qui peut faire la gloire d'un Esprit immortel, & plaire à un Esprit infini.

La pompe des honneurs, la vanité des sciences, la gloire du sang, l'autorité sur les peuples, l'abondance des richesses, les qualitez du corps, les dons de l'esprit, les vertus humaines, tous ces avantages de la Nature, de la fortune ou de

l’éducation peuvent bien attirer l’eſtime & la faveur des hommes, & procurer, à ceux qui les poſſédent une vie glorieuſe
dans le monde ; mais que leur utilité paſſe juſques dans la
vie à venir, que la gloire du monde ſoit un degré pour s’é-
lever à celle du Ciel, que Dieu couronne de la vie éternelle ces
fragiles avantages, que les ſages ont eu la force de mépriſer,
ou qui ne ſont de quelque prix, qu’autant qu’ils ſervent de
matiére à la vertu, & de motifs à la piété, c’eſt ce qu’on ne
ſçauroit accorder avec la ſageſſe de Dieu, non plus qu’avec
ſes déclarations. Mais au contraire, connoître le vrai Dieu,
l’adorer par un profond reſpeⅽt, & par une parfaite obéïſſance, remplir ſon eſprit des lumiéres qui partent de ſa face, &
ſon cœur de la ſainteté, dont il eſt la ſource, devenir ainſi
en quelque ſorte la ſplendeur de ſa gloire, & le caractére de
ſes vertus, c’eſt ce qui peut donner à l’homme un veritable
prix, ce qui l’éléve à la reſſemblance de Dieu, ce qui le conduit à la vie éternelle. Elle ſe commence, elle s’achéve par
là, & ces mêmes vertus, qui en ſont les premiers degrez, la
conſomment toute entiére, lors qu’elles ſont parvenuës à leur
perfeⅽtion.

Mais comme il eſt néceſſaire de connoître Dieu, pour être
ſauvé, il ne faut auſſi connoître que lui, c’eſt à dire, n’attribuer qu’à lui ſeul les perfeⅽtions & le culte de la Divinité ;
d’où il paroît qu’il n’y a point de ſalut pour les Idolâtres. Et
en verité leur crime eſt ſi grand, que la juſtice de leur condamnation paroît toute viſible. L’impiété pure n’en eſt
guéres plus digne, puis qu’aprés tout, c’eſt n’avoir point de
Dieu que d’en avoir plus d’un, & de le concevoir avec des
défauts infiniment oppoſez à ſa grandeur ou à ſa pureté. C’eſt
pour cela que les Peres, lors qu’ils ont écrit contre l’Idolâtrie, l’ont appellée le principal crime du genre humain, le
ſuprême attentat du ſiécle, le premier & le dernier des maux,

Tertullien.

Gregoire de Nazianze.

un crime inexpiable, un péché infiniment criminel, & vrai- *Lactance.*
ment impie. *Cyrille d'Alexandrie.*

Quelques fortes, que foient ces paroles des Anciens, il n'y a
point d'exagération, & à quelque égard, que l'on envifage l'I-
dolâtrie, l'atrocité en paroît extrême. Car, fi on regarde l'Objet
offenfé, c'eft le premier Etre, l'Etre infini. Si on regarde la
maniére, dont il eft offenfé, l'outrage va droit à lui. Il ne lui eft
point fait dans quelqu'une de fes Créatures, c'eft dans fa nature même & dans fes perfections effencielles. Si l'on fait réflexion fur la grandeur de l'offenfe, elle eft au plus haut degré ; l'honneur, que l'on ôte à Dieu eft le plus grand de
tous ; il lui appartient d'une maniére infiniment jufte & propre ; on le rend aux Etres les plus indignes de le recevoir.
Peut-on rien imaginer de plus criminel ? De tous côtez l'I-
dolâtre eft dans l'excés du péché. Il dégrade le vrai Dieu,
il le dépoüille de toute fa gloire, il lui attribuë les défauts des
plus baffes créatures, & les vices des plus méchantes. Au
contraire, il éléve de la pouffiére & du néant ces mêmes créatures pour leur donner toute la gloire du vrai Dieu ; de forte qu'il fait tout à la fois, du vrai Dieu une Idole déteftable,
& d'une vaine Idole le Dieu fouverain.

Mais fi l'on confidére encore combien cette erreur eft fenfible, l'Idolâtrie paroîtra un crime d'autant plus grand, qu'il
femble impoffible d'y tomber, ce qui fait dire fort juftement à
Tertullien, que c'eft-là l'excés du crime, de ne pas recon- *Hæc eft*
noître celui, que l'on ne peut ignorer. *fumma de-
lidti non re-*
La Providence laiffe quelquefois aux hommes des occa- *cognofcere,*
fions d'erreur, & elle le fait toûjours avec autant de juftice *quem igno-
rare non*
que de fageffe. Elle permet qu'il vienne de faux Chrifts, & *potes.*
de faux Prophetes, & qu'ils tentent la foi des hommes. Mais
il n'eft point venu de faux Dieu, & il n'en peut venir. On a
vû des Impofteurs imiter les caractéres d'un Miniftre divin,

mais on n’a jamais vû perſonne prendre ceux de la Divinité même. L’Impoſture n’a point d’artifice pour égaler ou pour imiter Dieu. L’homme, qui paroît ſeul orné de l’image du Créateur, la porte au milieu de tant de foibleſſes, que loin d’être un piége à ſa ſimplicité, elle ſuffit ſeule pour le préſerver d’erreur. Un Dieu, auquel il a l’honneur de reſſembler, pourroit-il être, une étoile, des métaux, de la pierre, du bois ? Il n’y a donc rien dans la nature, qu’on puiſſe prendre pour Dieu, rien, qui paroiſſe avoir cette ſageſſe infinie, qui régle le monde, cette Puiſſance, qui le ſoûtient. Aveugle Idolâtre, contemple toutes les Créatures, & s’il m’eſt permis de le dire, interroge les plus nobles & les plus Puiſſantes, & leur demande, Etes-vous Dieu, ou devons-nous en ſervir quelqu’autre. Il n’y en a point, qui ne réponde d’une maniére intelligible à un homme raiſonnable. Non, je publie ſa gloire, je ne dois pas l’uſurper ; Je ſuis la lumiére, qui le montre, & la voix, qui l’enſeigne, & loin de recevoir le ſervice, qui lui eſt dû, je ne ſuis pas moi-même digne de lui en rendre.

Il n’y a donc point de péché plus grand à tous égards, que l’Idolâtrie, & par conſéquent il n’y a rien de plus juſte, que cette loi de Dieu, par laquelle il prive de la vie éternelle des Eſprits ingrats, qui le méconnoiſſent juſques à rapporter toute la gloire de ſes bien-faits aux Idoles & aux Démons.

Le ſecond devoir de l’homme eſt la connoiſſance de Jeſus Chriſt : la connoiſſance d’un Dieu eſt proprement la Religion de l’homme innocent ; celle que la Nature apprend à toutes les Nations, la ſageſſe du monde. Mais voici la Religion de l’homme coupable, celle que les Cieux & la Terre ne pouvoient nous apprendre, la ſageſſe de Dieu en Myſtére. La vie éternelle eſt de connoître Jeſus Chriſt envoyé de Dieu.

Il ſemble d’abord que cette verité ait moins d’évidence

que

que la première. Mais on fe trompe. Elles font liées enfemble, & l’on ne peut avoüer, que la vie éternelle confifte à connoître Dieu, fans avoüer aufli qu’elle confifte à connoître Jefus Chrift. La raifon en eft que la connoiffance de Dieu dépend abfolument du Seigneur ; Perfonne ne connoît le Pere finon le Fils, & celui à qui le Fils l’a voulu révéler.

Je parle, MES FRERES, avec Jefus Chrift de la connoiffance falutaire, qui renferme une Religion pure, & agréable à Dieu. Il eft bien vrai que la connoiffance d’un Dieu eft fi naturelle & fi facile, qu’on peut l’avoir fans la révélation, & c’eft ce que l’on a vû dans les Philofophes. Mais on y a vû en même temps ce que peut une femblable connoiffance pour former la Religion. Quelle confufion d’erreurs & de veritez, quelle inégalité, quelle incertitude, quelles contradictions dans les penfées & dans les jugemens des Philofophes ! Ces Lumiéres des Nations. Ces grands Génies, fages à la verité quelquefois dans leurs difcours, mais infenfez dans leurs actions, & vains dans toute leur conduite, loin de travailler à détruire les fuperftitions, les Temples, les Autels, les Idoles, ne les a-t-on pas vûs, défendre & pratiquer les fuperftitions, affifter religieufement dans les Temples, couvrir les Autels de leurs victimes, confacrer eux-mêmes les Idoles, & les fervir ? Eft-ce là connoître Dieu ? Ou plûtôt, n’eft-ce pas ainfi que l’homme le connoît, quand il le connoît fans Jefus Chrift?

C’eft aufli ce que les Chrêtiens ont fort bien remarqué dans leurs difputes contre les Idolâtres. Ils ont dit que l’homme feul, *Lactance.* & fans le fecours d’un Docteur, ne pouvoit comprendre toute la fageffe de Dieu répanduë dans le Monde, & que les Philofophes, qui l’ont voulu faire, fe font embaraffez en mille erreurs & en mille contradictions. Et certainement ils ont eu raifon. L’expérience eft ici trop longue & trop univerfelle

pour douter. L'esprit humain est si foible & si rempli de préjugez, qu'il ne sçauroit déveloper toutes les instructions, que
Dieu lui presente dans la Nature ; ses vûës ne sont ni assez
distinctes, ni assez certaines, pour s'en former une Religion
raisonnable. Il apperçoit les plus grandes veritez d'une maniére douteuse & confuse ; il est balancé par les difficultez,
il ne sçauroit s'en démêler, sans le secours d'une autorité infaillible, qui lui prête ses lumiéres, qui éclaircisse ce qui lui
paroît obscur, qui confirme ce qui lui semble incertain.

Mais quoi qu'il en soit, la connoissance salutaire de Dieu
comprend celle de sa volonté, & cette volonté a trois parties ;
l'observation de la Loi Morale, ou de la justice ; la foi en Jesus Christ, comme au Rédempteur du monde ; la vie éternelle, qui est la récompense de la piété. La première de ces
veritez est manifestée dans le monde, la seconde ne l'est
point du tout, la troisiéme l'est en partie, mais en général
elles n'ont eu d'évidence ni de certitude que par Jesus Christ,
ce qui rend la connoissance du Rédempteur absolument nécessaire.

Premiérement à l'égard de la Loi morale, il est vrai
qu'elle est imprimée dans la conscience, & que comme Dieu
a mis dans l'homme des principes de verité, pour régler
ses connoissances, il y a mis de même une Loi vivante &
intérieure, pour régler ses actions. Mais que seroit cette Loi
sans celle de Jesus Christ ? Qu'étoit-elle devenuë parmi les
Gentils ? Effacée par le long usage du crime, par le progrés
de l'erreur, & son régne invétéré, par l'autorité de la coûtume, par la violence des passions, on ne pouvoit presque
plus en voir les caractéres dans le cœur de l'homme, & pour
les retracer, & les rendre intelligibles, pour retirer de l'op-
pression de l'erreur & du péché cette justice cachée dans la
conscience, il ne falloit pas moins, que la sagesse & la ver-

tu de Jeſus Chriſt, ſoûtenuës de touté ſon autorité.

Secondement ce n'eſt pas aſſez de donner de la lumiére à la Loi, il faut lui donner de la force. Elle n'en peut avoir que par la crainte des peines, & l'eſpérance des récompenſes, & ces peines & ces récompenſes elles-mêmes ne peuvent avoir d'efficace, qu'autant qu'on eſt aſſuré de leur grandeur & de leur certitude ; Or on ne peut l'être ſans Jeſus Chriſt.

On a bien vû quelquefois les Philoſophes s'entretenir de l'immortalité de l'ame, mais quelques efforts, qu'ils ayent faits ils n'ont jamais pû s'en aſſurer. Celui, qui a peut-être le mieux parlé ſur cette matiére, ne pût cacher ſon incertitude, lors qu'il étoit ſur le point de mourir, & il fut contraint d'avoüer, que les Dieux ſeuls ſçavoient ce qu'il alloit devenir. Quelle différence, MES FRERES, de Socrate à Saint Paul, du Diſciple de la Nature à celui de Jeſus Chriſt ! Le premier va, comme l'autre, au ſupplice, où il eſt appellé, mais ils tiennent tous deux des diſcours bien différens. La vie & l'immortalité paroiſſent à Saint Paul dans une ſi grande évidence, qu'il n'eſt pas plus aſſuré de mourir avec Jeſus Chriſt, que de reſſuſciter avec lui. Je le ſçai, dit-il, je ſçai à qui j'ai crû, & je ſuis perſuadé, qu'il eſt puiſſant, pour garder mon dépôt ; Nous ſçavons, que nous avons une Maiſon éternelle dans les Cieux. Ah ! les Dieux le ſçavent ; voilà le mot des Philoſophes, quand ils parlent de l'immortalité, c'eſt la ſcience des Dieux, & non pas des hommes. Nous le ſçavons ; voilà le mot des Chrêtiens, c'eſt la ſcience non ſeulement de Dieu, mais des hommes inſtruits, par la Doctrine & par la Réſurrection de Jeſus Chriſt.

Enfin, voici ce qui achéve de faire voir la néceſſité de connoître le Rédempteur, c'eſt qu'il eſt lui-même l'Objet immédiat de la foi. Aprés nous avoir aquis la vie éternelle par fon fang, Dieu a voulu qu’on ne pût l’obtenir que par la foi en fon nom. C’eft le Myftére du Chriftianifme, mais quoi qu’il foit d’une profondeur incompréhenfible, la fageffe de Dieu ne laiffe pas d’y paroître avec éclat, & je ne fçai fi l’on doit moins l’y admirer que fa miféricorde.

Jefus Chrift eft Dieu, & à cet égard fa connoiffance renferme l’adoration. Or n’eft-il pas infiniment jufte qu’ayant les perfections divines, il en reçoive les honneurs, & que tout le Monde honore le Fils, comme il honore le Pere? Jefus Chrift eft le Rédempteur du monde, & à cet égard fa connoiffance renferme la confiance au mérite de fa Croix, & en la puiffance de fon Exaltation. Or n’eft-il pas jufte encore, que l’homme reconnoiffe fon Libérateur, qu’il vienne mettre fes chaînes au pied de la Croix du Seigneur, avoüer là fon péché, fa condamnation, l’impuiffance de fe delivrer, & protefter devant Dieu, qu’il ne trouve qu’en Jefus Chrift, le Sang, qui expie fon péché ; la Victime, qui porte fa condamnation ; la Puiffance, qui l’arrache à la mort ? Enfin Jefus Chrift eft le Légiflateur de Dieu, & à cet égard fa connoiffance renferme la pratique de fes Loix. Or qu’y a-t-il de plus jufte que ces Loix, & leur obfervation ? Elles ordonnent qu’un pécheur détefte fon crime, pour obtenir fa grace ; qu’il adore Dieu, qui le lui pardonne ; qu’il honore le Fils, qui a mérité fon falut, & qu’il vive felon l’ordre, qu’une créature raifonnable doit fuivre, qui confifte dans la vertu.

Telle eft, MES FRERES, la néceffité de connoître Jefus Chrift. Je ne dirois plus rien fur cette matiére, s’il ne falloit faire quelque attention à une difficulté trop effencielle, pour la négliger. On demande, fi la connoiffance de Jefus Chrift eft abfolument néceffaire au falut, & la raifon de cette queftion eft, que cette connoiffance n’étant pas naturelle, & la prédication n’étant pas univerfelle, il n’eft pas poffible à tous les hommes de l’aquérir.

Aprés la déclaration du Fils de Dieu , il semble qu'on ne sçauroit nier la nécessité absoluë de le connoître. C'est ici la vie éternelle de te connoître seul vrai Dieu , & celui que tu as envoyé , Jesus Christ. Ces paroles sont décisives. Elles établissent une égale nécessité de connoître Dieu & de connoître le Rédempteur ; elles ne font même de ces deux connoissances qu'une seule condition de la vie éternelle. On n'oseroit les séparer , & si l'infidelle peut être sauvé sans connoître Jesus Christ, pourquoi l'Athée & l'Idolâtre ne le seroient-ils point sans connoître un seul vrai Dieu , puisque la foi d'un Dieu , & celle de Jesus Christ ne composent ensemble qu'une seule condition totale & essencielle du salut ?

On dira sans doute , que la connoissance d'un Dieu est nécessaire , parce qu'elle est possible , mais que la connoissance de Jesus Christ ne peut être nécessaire à tous les hommes , parce qu'elle est impossible à plusieurs. J'avouë que cette difficulté est grande , mais elle ne sçauroit nous donner le droit de limiter la proposition de Jesus Christ , ni d'établir , pour la condition entiére du salut , la connoissance d'un seul Dieu , qui n'en fait qu'une partie. Il faut pourtant avoüer , que l'ignorance invincible des infidelles est une excuse légitime , & que Dieu ne les condamnera pas pour n'avoir point crû en Jesus Christ , qui ne leur a point été prêché. La connoissance de Jesus Christ est bien , dans les fidelles , la cause de leur salut , mais l'ignorance de Jesus Christ n'est pas , dans les infidelles , la cause de leur condamnation. Comme ils ont péché sans la Loi & sans l'Evangile , ils ne seront jugez ni par l'Evangile ni par la Loi. Ce sera seulement par la loi de la nature & par la droite raison , qu'ils ont connuës.

On demandera peut-être encore , quelle a été la destinée de ces hommes célébres entre les Payens , qui nous ont laissé ces grands exemples de vertus morales , que la postérité admire encore, fans avoir pû les furpaffer. Mais il y auroit de la témérité à répondre à cette queftion. Ne jugeons point, MES FRERES, des Myftéres de la Providence ; il eft prefque également dangereux de prononcer des condamnations téméraires, ou des juftifications trop hardies. On doit ce refpect à la Juftice & à la Miféricorde de Dieu, de n'entreprendre pas de pénétrer leurs jugemens fecrets. Qui fçait les miracles, que la Providence peut avoir faits, pour fauver quelques Elûs au milieu des infidelles ? Qui fçait les défauts, qui corrompoient les vertus de ces grands hommes, dont l'éclat feul eft venu jufqu'à nous ? C'eft pourquoi laiffant à Dieu la connoiffance de fes jugemens particuliers, il faut feulement conclurre en général, que le Monde n'ayant point connu Dieu par la fageffe de l'Univers, Dieu a voulu fauver les croyans par la prédication. Voilà le Monde condamné ; voilà les croyans feuls fauvez par Jefus Chrift. C'eft la décifion de la queftion par Saint Paul.

Il faudroit maintenant, MES FRERES, vous entretenir de la vie éternelle, qui eft le fruit de la connoiffance de Dieu. Mais l'étenduë de mon fujet ne me permet guéres de vous en parler, & d'ailleurs le deffein de Jefus Chrift eft de nous en apprendre les conditions, & non la grandeur ou la verité. Je dirai feulement, qu'on ne peut donner une plus haute idée de la félicité à venir, que de l'appeller une vie éternelle. Quand on parle aux fens & à l'imagination, on peut dire des chofes plus capables de les frapper. Mais elles font figurées & moins grandes, dans le fonds, que ces deux mots unis, la vie & l'éternité, qui achévent le portrait d'un état infiniment heureux.

La vie naturelle confifte dans la penfée, la volonté, l'action, & le fentiment. C'eft la vie des créatures intelligentes, que je veux définir. Dans l'état de la grace, la vie comprend

toutes ces chofes accompagnées des qualitez morales , qui
en font la droiture & l'honnêteté. Dans l'état de la gloire,
la vie comprend ces mêmes chofes portées à leur plus haut
point de perfection, c'eft à dire, que c'eft une vie, où l'ame
n'a que des penfées pures & droites, où elle eft toûjours éclairée de la verité, où l'étenduë de l'efprit eft remplie d'une lumiére vive & pure. C'eft une vie, où la volonté, réglée par
une juftice conftante & incorruptible, ne s'éloigne jamais de
fon devoir , & ne s'attache qu'au bien infini , qu'elle doit
aimer. C'eft une vie, où toutes les actions font grandes &
faintes, les deux caractéres de la perfection ; où fans foibleffe, & fans égarement, elles tendent toutes à la gloire de Dieu
& au bonheur de l'homme, & elles y arrivent toûjours. C'eft
une vie, où l'ame ne conferve de fentiment, que pour lui porter des plaifirs également vifs & purs, qui n'ont rien de char-
nel ni de languiffant, tels, que la fource, d'où ils procédent,
un Dieu infiniment heureux & faint.

Peut-on rien concevoir de plus beau, de plus parfait, de
plus grand, de plus digne de la magnificence de Dieu, de
fon amour, d'une ame immortelle ? De quelque côté, qu'elle fe regarde, la gloire & la félicité l'environnent ; le bien
infini fe communique à elle par tout, où elle peut le recevoir.

Mais il n'y a point de bonheur parfait, quand il peut être
interrompu. Quelque éloignée qu'en foit la fin, elle fe prefente à l'efprit, qui ne veut pas s'aveugler, & trouble la
jouïffance de fes plaifirs ; il voit qu'il y aura un temps, où il
ceffera d'être heureux, où il deviendra miférable, & il l'eft
déja par la penfée de le devenir. Mais quand il ne feroit pas
ces réflexions, il eft certain que le caractére effenciel des
bonnes chofes, c'eft leur durée, & l'éclat de la plus petite étoile, me paroîtroit bien plus excellent, que celui du

Soleil, si le dernier devoit s'éteindre, & que le premier du-
rât toûjours. Les desirs infinis de l'homme, & l'immortalité
de son ame le conduisent là. Il faut donc qu'une durée éternelle se joigne à la vie des bien-heureux, pour lui donner la
derniére perfection, & c'est aussi ce qui se rencontre dans
celle que Jesus Christ promet. A quelque égard, que l'on con-
sidére cette vie, elle ne peut se terminer. Qui peut la borner,
si l'ame, qui la posséde, est immortelle, si le bien, qui en
fait la félicité, est infini?

Ainsi, avoir l'esprit occupé d'une éternelle succession de
pensées, qui ne lui offrent, que des veritez pures & agréa-
bles ; être toûjours porté vers la vertu, par un penchant nécessaire & doux ; posséder le souverain bien, sans craindre
de le perdre ; en tirer incessamment un plaisir ineffable, &
ne l'épuiser jamais ; n'agir que pour une fin noble, grande,
juste, & y arriver toûjours ; pouvoir tout ce que l'on veut,
sans vouloir rien d'injuste ni de funeste ; ne voir dans l'avenir,
qu'une éternelle durée de félicité ; trouver par tout son bonheur plus vaste, que ses desirs & que ses pensées ; a quelque
point, qu'on se mette, le voir toûjours également grand ;
En un mot, être dans l'état le plus parfait, où la Nature humaine, puisse être portée, & demeurer éternellement dans
cet état, c'est l'idée qu'on doit avoir de la vie éternelle ; Quelque effort que fasse l'esprit humain, il ne sçauroit rien concevoir de si grand, & il ne sçauroit même concevoir ici bas
toute le grandeur de cet état.

Eloge de
S. A. S.

C'Est-là, MES FRERES, c'est à cette vie éternelle où
nôtre grand Prince vient d'être élevé, au moment qu'il
a fini sa vie & ses travaux. Quoi qu'il y ait long-temps, que
je vous parle, il n'est pas nécessaire, de vous demander de
l'attention pour ce qui me reste à vous dire. Elle se fortifie
d'elle-

d'elle-même à l'ouïe d'un Nom fi cher & fi refpecté, & loin
de vous laffer par la longueur de ce Difcours, vous me verrez fans doute finir à regret un fujet, dont le fouvenir ne fini-
ra jamais dans vos Efprits.

Il y a prés de foixante-fix ans, que nâquit, dans ce lieu,
trés-haut & trés-puiffant Prince, JEAN GEORGE Second,
Prince d'Anhalt, Duc de Saxe, d'Angrie & de Weftphalie,
Comte d'Afcanie, Seigneur de Zerbft & de Bernebourg,
Gouverneur de la Marche de Brandebourg, & Généraliffime
des Armées de S. A. Electorale ; Prince dont les Qualitez éga-
loient la naiffance, quoi qu'il y en ait à peine de plus illuftre
dans le Monde.

Il étoit forti d'une Ancienne Maifon, qui avoit l'autorité
publique & le commandement des Armées parmi ces Nations courageufes, qui habitoient les Provinces voifines de
l'Elbe, & qui défendirent fi long-temps leur liberté contre
les Chrêtiens. Ses Ancêtres poffédérent en fuite, fous les Em-
pereurs, les premiéres dignitez de l'Empire, avec de grands
Etats, dont la Principauté, qui donne le Nom à cette Séréniffime Maifon, ne faifoit pas alors la plus confidérable partie.

L'obfcurité des temps nous cache l'origine certaine de
cet ancien Nom, mais voici pourtant ce que l'on en a rap-
porté. Un des Princes de cette Maifon, ayant arrêté par fa
valeur une armée, qui prenoit la fuite, & l'ayant ramenée
au combat, & à la pourfuite des Ennemis, qu'il vainquit,
il mérita, que fa poftérité portât le nom d'ANHALT, qui ex-
prime cette action. Ainfi, comme l'on vit autrefois le Fon-
dateur de Rome, confacrer un Temple à Jupiter, fous le
nom de STATEUR, parce qu'il crût que ce faux Dieu avoit
arrêté les Romains, fuyans dans leur propre Ville devant leurs
Ennemis ; De même l'on a vû dans l'Empire la reconnoiffance publique honorer cette Augufte Maifon d'un Nom fem-

H

Né, l'an
1627. le
7. Nov.
Mort, le
17 d'Août
1693.

La Maifon
d'AN-
HALT
paffe géné-
ralement
pour l'une
des plus
Anciennes
de l'Euro-
pe.

Le mot Al-
lemand
ANHAL-
TEN fgni-
fie retenir,
& pour-
fuivre.

blable , pour conferver la mémoire de fa valeur , & pour apprendre aux Princes, qui ont l'honneur d'en defcendre, qu'ils font nez les STATEURS de l'Empire , fi je puis parler ainfi , & qu'ils doivent arrêter les Ennemis, qui veulent y faire des invafions, ou foûtenir la valeur ébranlée des Soldats, lors qu'ils ont la foibleffe d'en abandonner la défenfe.

Mais quelle que foit l'origine d'un Nom, que tant de Héros ont rendu illuftre, il importe peu. Quand même il feroit moins glorieux dans fa naiffance, il l'eft infiniment dans fa durée, & comme ces Riviéres fameufes, qui font à peine connuës, & prefque fans nom dans leur fource, s'annobliffent par la longueur de leur cours, par les grandes Provinces, & les belles Villes, qu'elles arrofent. De même le Nom de cette Augufte Maifon acquiert affez de gloire par le grand nombre de Princes, qui l'ont porté, durant plufieurs fiécles, & par les belles actions, qu'ils ont faites au dehors & au dedans de l'Empire.

Je ne m'arrêterois point ici, MES FRERES, à vous parler de la naiffance du Prince, & de la vertu de fes Ancêtres, s'il n'avoit eu que l'honneur de defcendre d'eux. Mais on peut dire, que leur gloire étoit la fienne, non feulement parce qu'il avoit reçû leur fang, mais parce qu'il avoit eu le foin de fe la rendre propre, & que quoi qu'elle eut plus d'éclat en lui, qu'en aucun autre, jamais perfonne n'en eut une plus jufte opinion, & ne l'accompagna d'une plus grande modeftie.

La naiffance eft une de ces chofes, qui ne peuvent donner de veritable grandeur, qui méritent peu de loüanges, lors qu'elles font feules, mais qui ont parû dignes d'admiration aux plus éclairez, quand elles ont été jointes à la vertu & à la modeftie. Selon cette maxime, la gloire de la Naiffance étoit toute pure dans la perfonne du Prince. Sage & modefte, il n'en

étoit point éblouï; Généreux & Magnanime il penſoit à la
ſoûtenir & à l'augmenter. Il connoiſſoit toute la vanité de cet
avantage de la fortune ; il ſçavoit tout ce qui peut lui donner une juſte valeur, & c'eſt par ce jugement qu'il avoit dans
ſa perſonne un prix, que les autres hommes lui ôtent ſou-
vent par leur orgueil, & par leur vaine opinion.

Mais ne regardons ce grand Homme qu'en lui-même.
Quand il ne ſeroit pas né Prince, il étoit né pour le devenir.
Dés qu'on jettoit les yeux ſur lui, on étoit frappé de ces qualitez extérieures, qui les premiéres attirérent les regards &
l'eſtime des hommes, lors qu'ils voulurent ſe donner des Maîtres. Soit qu'on eût ſuivi le préjugé de ces Peuples, qui
choiſiſſoient pour leurs Rois les hommes les mieux faits, ou
les maximes de ces autres Nations, qui mettoient à leur tête
les plus forts, & les plus capables de les défendre, il faut demeurer d'accord que le Prince méritoit d'être choiſi pour
commander. La Nature, lui avoit donné un corps d'une con-
ſtitution forte & capable de tous les travaux ; & Elle l'avoit
orné d'un extérieur auguſte & beau, qui rendoit ſa Perſonne
toute aimable, mais qui n'étoit que la moindre partie de ce
qu'elle avoit d'éclatant.

On remarque dans les grands hommes, je ne ſçai quelle
beauté noble, & ſpirituelle en quelque ſorte, qui vient moins
du corps que de l'ame, qui eſt une impreſſion des ſentimens
du cœur, & un éclat viſible des vertus, qu'on ne peut appercevoir.

Si jamais perſonne eut cette beauté, qui eſt un caractére
de la vertu même, c'étoit le Prince. On voyoit ſur ſon vi-
ſage un certain éclat de douceur & de Majeſté, qui pouvoit
le faire craindre & le faire aimer, je ne ſçai quoi de grand &
de modeſte tout enſemble ; un air de liberté, de tranquillité, d'empire, qui marquoit l'élévation de ſon ame, & ce gé-

nie fupérieur à tout ce qu’il avoit à faire ; une férénité toûjours égale ; une bonté qui donnoit la confiance de l’approcher aux plus timides ; une Majefté , qui ne permettoit
pas aux plus audacieux d’en abufer.

Cet extérieur étoit foûtenu des qualitez de l’ame. Le Prince portoit dans le cœur, tout ce qu’il prefentoit au dehors
dans fes actions & fur fon vifage. Il avoit même l’ame plus
belle encore, qu’elle ne paroiffoit l’être, & les marques qu’elle donnoit de fa grandeur n’étoient trompeufes, qu’en ce qu’elles en cachoient une partie.

C’eft ce qui paroîtra dans la fuite par la confidération des
différens états, où le Prince a vécu, & où il a rempli tous les
devoirs, auxquels fa naiffance & fon mérite l’appelloient, avec
un fuccés, qui a fait voir qu’il étoit d’une capacité univerfelle.

Comme il étoit Fils unique, & qu’il méritoit toute la ten-
dreffe de fon illuftre Pere autant par fes vertus, que parce qu’il
étoit fon Fils , le Prince retourné de fes voyages demeuroit
auprés de lui. Mais il n’étoit guéres poffible qu’il y demeu-
rât long-temps. Et certes ç’eut été un grand malheur, qu’un
Prince, qui pouvoit faire la félicité d’un Empire, n’eut fait
que celle d’une Province, dont il étoit né le Maître ; Malheur, dis-je, non pour lui, qui avec les qualitez des grands
hommes, n’avoit point leur ambition, & qui plus eft il étoit
au deffus de fa fortune , plus il fçavoit s’en contenter , mais
malheur pour le monde, qui auroit perdu le fruit, qu’il pouvoit retirer d’un fi grand Homme. Car, comme le remarquoit
un S. Docteur de l’Eglife, l’autorité, que Dieu donne aux bons
Princes, n’eft pas une faveur qu’il leur fait, c’eft une grace,
qu’il accorde au monde.

C’eft pour cela que lors que l’intérêt & l’ambition laiffoient
le Prince en repos, au milieu de fa famille, fon mérite feul l’en
tira. Connu, par le bruit, qu’il faifoit dans le monde, jufques

chez les Etrangers, le Roi de Suéde, Charles Guftave, forma le deffein de l'attirer dans fes armées, & l'on vit le Prince accompagner ce Monarque victorieux, qui marchant
fur les traces du Grand Guftave, fit voir dans la Pologne
cette valeur extraordinaire & ces fuccés rapides, dont le
dernier avoit rempli toute l'Allemagne. S. A. fuivit le Roi
par tout: il fe trouva dans les combats, dans les fiéges, dans les
batailles, & il eut beaucoup de part à la gloire de cette Ex-
pédition. Il foûtint un long fiége, contre toute l'armée Po-
lonoife, dans une place & avec une garnifon trés-foible, & il
le fit avec tant de prudence & de courage, que le Roi de Pologne, à qui feul il voulut la remettre, témoigna moins de
joye d'entrer dans une Ville, qui lui avoit coûté beaucoup
de temps & de fang, que de voir & de combler d'honneurs
le Prince, qui l'avoit défenduë contre lui.

Ce fut alors un beau fpectacle, de voir deux Rois Ennemis
témoigner à l'envi de l'eftime au Prince, loüer fa valeur & fa
prudence, & malgré l'oppofition de leurs intérêts, l'honorer
d'une maniére fi femblable, qu'on n'eut pû diftinguer auquel
des deux fes fervices étoient utiles ou funeftes. C'eft-là ce
qui peut donner l'idée d'une gloire toute pure, aquife par le
mérite feul, où l'intérêt ni la reconnoiffance n'ont aucune part.

Mais le Prince ne fçavoit pas moins forcer des places, que
les défendre, & de toutes les actions extraordinaires, qu'il
a faites, contentez-vous que je vous rapporte celle-ci. Le Roi
de Suéde, rappellé de fes Conquêtes à la confervation de fon
Royaume, mena fes troupes victorieufes dans les Etats de Dan-
nemarc, où elles firent bien-tôt aprés le fiége d'une place trés-
forte & trés-importante, fituée au bord de la Mer, qui flote au pied des ramparts. Les Affiégez croyoient leur Ville
inacceffible de ce côté là, fans en négliger pourtant la défenfe, & le Général Suédois, penfoit à les amufer plûtôt qu'à

*Le Roi de-
manda M.
le Prince
à fon Pere
avec beau-
coup d'em-
preffement,
tant par
plufieurs
lettres, que
par les folli-
citations de
fon Envoyé
dans le Cer-
cle de la
hautè Saxe.
Il lui donna
d'abord le
commande-
ment d'un
Régiment
de Cavale-
rie.
En 1655.*

Conits.

Cafimir.

*L'Admiral
Wrangel
affiége Fri-
derichsod-
de, dans le
Jutland.*

les vaincre, en les faisant attaquer par là. Mais il ne songeoit pas, que les entreprises, qui sembloient impossibles à d'autres, ne l'étoient pas pour le Prince, & qu'une valeur extraordinaire achéve des desseins, que la prudence n'ose former.

Le signal de l'assaut donné, ce Guerrier intrépide se presente à cheval à la tête des Escadrons, qui devoient le suivre ; il entre dans l'eau, qu'il avoit sondée lui-même le soir, & s'avance jusque au pied des Pallissades. Ce fut-là qu'il fallut essuyer à découvert tout le feu des ramparts, & de quelques vaisseaux armez, qui en défendoient l'approche, pendant que l'on coupoit aux pieds du Prince ces gros troncs d'arbres, destinez à briser les ondes de la Mer, le seul Ennemi, qu'on pouvoit craindre de ce côté là. A peine y eut-il une ouverture capable de laisser passer un homme à cheval, que ce Héros, impatient de vaincre, se hâte, vole au pont, qui traverse le fossé, où les Ennemis l'attendent, détourne un coup de pique qu'on lui porte, tuë de sa propre main l'Officier qui commande, se fait jour au travers des Soldats, entre le premier dans la Place, pénétre jusques aux brêches, que les Assiégeans n'avoient encore pû forcer, & les reçoit dans la Ville ; Ce fut ainsi, qu'aprés avoir remporté la victoire, le Prince eut encore la gloire de la donner, & qu'il exécuta, ce qui sembloit impossible, pendant qu'on ne pût achever qu'avec son secours, le seul dessein, où l'on avoit espéré de réüssir.

Une action si glorieuse & si publique aquit tant de réputation au Prince, que l'Electeur de Brandebourg, Frideric Guillaume le Grand, de glorieuse mémoire, ce Héros, qui aimoit la vertu, autant, qu'il la possédoit lui-même, forma le dessein d'attirer le nôtre auprés de lui. Gustave cependant n'oublia rien pour le retenir, il le fit Général, il l'admit aux

Conseils les plus secrets, il lui destina les premiéres Charges
du Royaume, pendant que Guillaume de son côté lui offroit
tout ce qui pouvoit l'engager. Ainsi l'on vit un Roi d'un côté, & un Electeur de l'autre, se disputer en quelque sorte la
Personne & les services du Prince, & lui presenter pour le
retenir, ou pour l'attirer tout ce qui pouvoit toucher ses désirs, & piquer sa belle ame.

Quelque éclat, qu'ait la vie de ce grand Homme, elle n'a
rien de plus glorieux, que cet endroit, & tout ce que l'on
pourroit dire pour le loüer, ne sçauroit donner une si haute idée de son mérite, que d'avoir été souhaité de deux Princes, que la Postérité regardera toûjours comme l'ornement
de leur siécle. Il n'y a qu'une vertu toute sublime & toute extraordinaire, qui ait pû exciter une espéce de jalousie entre
deux Souverains, qui n'en avoient ni pour leur grandeur, ni
pour leur autorité, ni pour leur gloire.

L'Electeur l'emporta sur le Roi. Le Prince préféra le service du premier, & ce ne fut ni le principal Gouvernement
de l'Etat, ni le Commandement des Armées, ni le soin de sa
fortune, qu'il pouvoit trouver par tout, où il portoit son
mérite; ce fut l'estime, qu'il eut pour vôtre vertu, Madame, qui fut la cause de son choix; Vous fûtes le lien, qui
attacha ces deux grands Hommes, & qui procura à la Marche Electorale ce précieux avantage, d'avoir été gouvernée
à la fois par deux Princes, dont un seul pouvoit faire le bonheur d'un grand Etat.

Ce fut dans ce nouvel Emploi, que le Prince exerça les
grandes qualitez qu'il avoit pour le gouvernement. Dans
une application continuelle aux affaires, dans des liaisons étroites avec les plus grands Princes, & les premiers Ministres, attentif à tous les mouvemens de l'Europe; tantôt dans de grands
voyages, chargé de ces négociations difficiles & secretes, que

*L'Electeur
donna à M.
le Prince,
le commandement général de la
Cavallerie,
avec le gouvernement
de la Marche de
Brandebourg, Et
il lui fit
épouser la
Princesse
Henriette
Catherine
d'Orange,
sœur de
Madame
l'Electrice
en 1659.*

l'on n'ose confier qu'à des personnes consommées dans la prudence & dans la vertu ; tantôt à la tête des armées, occupé à poursuivre les Ennemis, ou à les arrêter ; toûjours dans les Conseils importans ; prudent dans ses avis, droit dans ses intentions, sage à éviter le péril, ferme à le soûtenir, juste, clément, généreux, sans ambition, & sans intérêt, chéri des peuples, estimé des grands, connu de tout le Monde, fidelle au Souverain dont il exerçoit l'autorité, il a rendu à S. A. Electorale ces grands services, dont la reconnoissance vient de paroître avec éclat, dans les tristes cérémonies, qui ont suivi sa mort. Je ne sçaurois marquer ici en détail ces services, dont le public conservera le souvenir. Mais voici ce que tout le monde a sçû, & ce que l'on doit admirer autant pour son importance que pour sa difficulté.

Guillaume le Grand étoit au de-là du Rhin, avec ses troupes, pour défendre l'Empire des efforts de la France. Assuré contre les troubles du dedans par la prudence & la fidélité du Prince, il croyoit l'être contre les entreprises de ses voisins par les Traitez, qu'il avoit faits avec eux. Dans cette confiance il part, & pour défendre mieux l'Empire, il laisse presque sans défense ses propres Etats, lors que tout d'un coup les Suédois parurent en armes, & entrérent dans la Marche Electorale, sous le commandement d'un Général d'une grande expérience.

Tout le Monde crût alors l'Etat au bord de sa ruine. La Capitale étoit dépourvûë des troupes nécessaires à sa défense. Le siége en paroissoit inévitable, & la prise aussi bien que le siége. Les Bourgeois étonnez, loin de penser à conserver leur Ville, ne songeoient qu'à se sauver par la fuite. La prudence & la fermeté du Prince faisoient presque toute la force de l'Etat. Mais que peut la prudence desarmée, & le courage d'un Chef sans Soldats. On l'ignoreroit peut-être si le

Prince

Prince n'en avoit donné un grand exemple.

Dans cette extrêmité, il assemble tout ce qu'il peut trouver de gens, capables de quelque résistance. Sa valeur, son habileté, sa vigilance, cet air de confiance & de liberté, qui ne l'abandonnoit jamais, relévent le courage des plus abattus; la promesse d'un secours prochain, achéve de les rassurer. Tout incroyable qu'est ce secours, on l'espére; c'est le Prince, qui le promet, c'est de l'Electeur, qu'on l'attend. L'Ennemi cependant trompé par ses artifices, ignore sa foiblesse, & ne peut dérober à sa pénétration ses propres desseins.   A peine formez, des obstacles imprévûs les arrêtent. La victoire, en apparence assurée, devient difficile. Toutes les places sembloient ouvertes, on les trouve toutes d'un accés dangereux.   La prudence du Gouverneur fait une résistance, qu'on ne pouvoit attendre de ses forces, & pendant que le Suédois cherche en vain des occasions, qui le fuyent, l'Electeur arrive des bords du Rhin. Ce Héros, qu'il croit trop éloigné, pour l'attendre, trop foible, pour le craindre, mais en effet trop rapide, pour être arrêté par les Riviéres, les Montagnes, les Provinces; trop intrépide, pour être étonné du danger & du nombre, tombe sur l'Ennemi, le trouble, l'attaque, le défait presque en un moment, & achéve par une victoire, qui fut un miracle de valeur, une marche, qui fut elle-même un miracle de diligence & d'habileté.

Mais pendant que le Prince s'occupe des intérêts & de la gloire de l'Electeur, ne croyez pas, qu'il néglige ni ses propres sujets, ni le soin de l'Empire. Present ici, quelquefois par lui-même, toûjours par ses ordres, il gouvernoit en Maître digne de ces siécles heureux, où les Peuples n'avoient besoin d'autres Loix, que de la volonté de leurs Souverains. *Arbitria* Jamais on ne vit un gouvernement plus doux, plus juste, *Principum* *pro legibus* plus favorable au bien public, plus de soin de protéger des *erant.* Just.

I

fujets dans les grandes calamitez de l'Etat, plus de plaifir à
les rendre heureux. Il lui étoit fi naturel de faire du bien,
qu'il ne pouvoit refufer aucune grace, ou s'il y fut forcé quelquefois, on peut dire, qu'une injuftice ne coûteroit pas plus
à un homme équitable, que lui coûtoit le refus d'une faveur.
Auffi, voyez comme cette Ville croiffoit tous les jours fous
fon ombre. Combien, dans peu d'années, de maifons élevées par fes libéralitez, de nouveaux Habitans établis, de
pauvres Artifans accommodez, de Citoyens enrichis. La
profpérité étoit répanduë dans toutes les familles, & la paix
dont on jouïffoit ici, n'étoit pas même troublée par la vûë
de ces Soldats, que l'Empire pour fa défenfe, tant le Prince
fçavoit éloigner de nous, jufques aux moindres marques
d'une guerre fi cruelle & fi funefte.

Que ne pouvoit-il en préferver de même l'Empire, dont
il étoit Membre, moins encore par fa naiffance, que par
fon amour & par fes fervices ! Senfible aux malheurs de l'Etat,
jaloux de fa gloire, paffionné pour fon repos, de quel œüil en
voyoit-il les pertes ou la profpérité ? Fidelle & incorruptible,
dans les conjonctures les plus délicates, content de l'eftime
des Etrangers plus que d'autres de leurs trefors, pût-on jamais,
ou le féduire par des artifices, ou le gagner par des offres?
Appliqué fans relâche à maintenir l'union des Princes, à accorder leurs intérêts, & même à terminer, s'il eut été poffible, les différends de la Religion, cette fource éternelle de
foupçons, de défiance, & de difcorde, ne fut-il pas dans
l'Empire un de ces Génies, qui fervent à lier les parties de
ce grand Corps, à diriger leurs mouvemens, à les rapporter à une fin ? Attentif aux néceffitez de l'Etat, & telle eft
l'inconftance des chofes humaines, ne pouvant plus, comme fes Ancêtres, fournir de grandes armées pour fa défenfe,
ne fçût-il pas y fuppléer, par fa propre vertu, & tirer de fon

zéle & de fa fageffe ces follicitations, ces lumiéres, qui affembloient les armées, qui les faifoient agir. Je n'avance rien ici dont on n'ait de grandes preuves.

Tout le monde fe fouvient des progrés inouïs de la France dans les Provinces-Unies, & de l'Etat où fe trouva cette République, lors que prefque en un jour, elle tomba du plus haut faîte de la puiffance & de la gloire dans la défolation & dans la fervitude. On vit alors, que les Etats peuvent avoir des révolutions auffi promptes que les Souverains, & que la fortune d'une République peut périr comme celle d'un feul homme.

L'Electeur de Brandebourg, ancien Allié des Hollandois, Prince parfaitement éclairé fur fes intérêts, puiffant pour les défendre, hardi pour l'ofer faire, feul, entre tous leurs voifins, forma le deffein de venir au fecours des vaincus, de fauver un des plus beaux Etats du monde, & la liberté de l'Europe avec lui. Réfolution digne d'un fi grand homme.

Le Prince, qui avoit les mêmes penfées, n'ignora pas long-temps le deffein de l'Electeur. Pour en affurer le fuccés, il étoit important d'y faire entrer fa Majefte Impériale, dont l'exemple & l'autorité entraîneroient infailliblement les Etats de l'Empire. Perfonne n'étoit plus propre à cette négociation, que le Prince ; on l'en chargea, il y réüffit. Son crédit & fon habileté furmontérent les difficultez du Traité, fon courage en exécuta le deffein, & bien-tôt à la tête de l'armée Electorale, jointe à celle de l'Empereur, on le vit obliger les François à abandonner leurs conquêtes, & mettre à leurs progrés ces bornes, qu'ils n'ont jamais pû paffer dans la fuite.

Cette négociation, le falut de l'Empire & des Provinces-Unies, eut un fruit particulier pour le Prince. Plus connu de l'Empereur à quel point en fut-il aimé ? Quelles liaifons ne

confervât-il pas avec lui ? Quelles lettres, pleines de con-
confiance, & d'affection, en recevoit-il fouvent ? Combien
de fois en fut-il confulté fur des affaires importantes ? Ce
Monarque vouloit même que le Prince s'attachât entiérement à lui, mais il y trouva deux obftacles invincibles : la
Religion, & les intérêts de S. A. Electorale.

Seulement, lors que l'on crût la Fortune de l'Empereur
ruinée fans reffource, & la Maifon d'Aûtriche, aprés avoir
combattu prés de deux fiécles contre celle des Ottomans,
abattuë enfin par l'excés d'une puiffance fi redoutable, le
Prince accourut au fecours de l'Empereur. Comment en fut-
il reçû ? Seul, fuivi de fes Domeftiques & de quelques Gardes, on le reçoit, comme s'il amenoit une armée. L'eftime
& la reconnoiffance, qu'on lui témoigne ne fçauroient s'exprimer, & ne peuvent être comparées qu'à l'affliction, que l'Empereur vient de faire éclater en apprenant fa mort. Caractére
d'un homme important par lui-même. Ce n'eft point une
grande puiffance, attachée à fa perfonne, qui fait eftimer fa
prefence, où regretter fa perte ; c'eft fa vertu feule.

Et certes, il faut l'avoüer, le Prince en avoit infiniment.
Grand Homme à la tête d'une armée, ou dans le Confeil,
qu'il étoit honnête homme dans le commerce de la vie ? Qu'il
y avoit d'agrément & de politeffe dans fes maniéres ? Seur
de fa propre grandeur, & fans l'avilir jamais, qu'il fçavoit
bien en defcendre ? On eût dit, qu'il n'y en avoit dans fa
perfonne, que pour donner du prix à fa civilité, & pour
honorer avec plus d'éclat ceux qui l'approchoient.

Sa converfation étoit pleine de charmes. Il parloit de tout
avec autant de jufteffe que de grace. La Religion ne lui étoit
pas moins connuë, que la Politique. Il étoit magnifique dans
fes dépenfes, modefte dans fes difcours, fidelle à fes Amis,
généreux envers fes Ennemis, libéral envers tout le monde,

favorable aux malheureux, & presque toûjours leur ressour-
ce, charitable envers les pauvres, accessible aux petits, toûjours Maître de sa fortune, & ce qui met le comble à tant
de qualitez excellentes, il portoit au fonds du cœur une piété solide.

Plein d’horreur pour l’irréligion, pour l’indifférence dans
le service divin, éloigné des bassesses & de l’aveuglement de
la Superstitition, autant que des artifices de l’Hypocrisie, il
étoit Chrêtien par lumiére, par choix, & l’étoit plus encore
dans le secret que dans le public. Tous les jours il lisoit l’E-
criture avec cette attention & cette docilité, qui font la priére la plus efficace pour en obtenir l’intelligence, & l’on voit
encore dans les remarques, dont sa Bible est remplie, des
traits de la lumiére du Saint Esprit, qui l’éclairoit. Que ne
pouvons-nous voir de même les impressions, que cette parole divine faisoit sur son ame, & dont d’autres personnes ont
vû les effets, lors que ne pouvant retenir ces larmes, qu’il est
glorieux aux plus grands Héros de répandre, il offroit à Dieu
le sacrifice d’un cœur froissé par les douleurs de la pénitence,
humilié à la vûë de la grandeur de Dieu & de ses jugemens,
touché de sa miséricorde & de ses bien-faits. Vous, MA-
DAME, tant de fois édifiée des témoignages secrets de sa
piété, Vous-même, Vous nous l’avez appris, & quand
Vous l’auriez voulu taire, pour ne pas trahir sa modestie, ne
nous en reste-t-il pas un témoin parlant dans cette excellente
Priére, qu’il avoit composée, & qu’il adressoit à Dieu toutes les fois qu’il étoit seul.

Redoublez ici vôtre attention. Vous pleurez la mort du
Prince, voici ce qui doit changer vos pleurs en actions de
graces. Vous aimez sa gloire, voici ce qui lui a mérité une
loüange immortelle. Vous étes engagez dans le monde, voici ce qui peut, ou vous préserver de ses desordres, ou vous en
guérir.

Lors que ce Prince, retiré dans fon cabinet, revient des occupations ou des divertiffemens du monde, craignant d'en être fuivi, troublé, dans la folitude, que fait-il pour en bannir les idées, & pour en purifier fon cœur ? Il confidére ce progrés fi infenfible, mais fi rapide de la vie vers fa fin, la mort toûjours prochaine, ou plûtôt, toûjours prefente, le tombeau, la cendre, le Tribunal de fon Juge, les peines & la gloire de l'éternité ; Il attache fa vûë fur ces derniéres fins de l'homme, fi propres à régler fa courfe, & profterné devant Dieu, il lui demande la grace de bien vivre, pour avoir celle de bien mourir. C'eft le fens de cette priére, dont je vous parle.

Sacré foin, précieufe follicitude, fceau de Dieu dans les ames prédeftinées, vigilance néceffaire, mais rare dans tous les hommes, plus rare dans les Grands, & plus néceffaire encore aux Grands qu'aux autres hommes !

Un homme fans naiffance & fans fortune, voit toûjours la pouffiére, d'où il a été pris, & où il doit retourner. Tout contribuë à la cacher aux Grands, & il faut une grace bien extraordinaire du Saint Efprit pour leur faire voir au milieu des honneurs, des divertiffemens, des affaires, ces objets triftes & humilians, que l'on n'a pas la force d'envifager dans la retraite, dans la miſére, dans l'abaiffement.

Dieu fit cette grace au Prince. Il diffipa ces enchantemens de la grandeur, qui l'environnoient, & lui découvrit le néant du Monde & de la vie, dans la fleur de la vie, dans la gloire du Monde. Au milieu de la Cour, jouïffant d'une fanté ferme & vigoureufe, loin du tombeau, ce Prince médite la mort, & fe fait une habitude douce & falutaire d'y penfer. La coûtume de la voir en éloigne ce qu'elle a d'effrayant, & ne lui ôte point ce qu'elle a d'utile. Il fe plaît à s'en entretenir, & il en parle quelquefois d'une maniére également ingénieufe

& sainte.   Ecoutez sur ce sujet un de ses discours.

C'est, disoit-il, une foiblesse indigne d'un homme raison-nable, de regarder la mort comme ce Philosophe, qui l'appelloit, le Roi des Terreurs, de la representer avec un appareil redoutable. Pour moi, je la regarde comme l'Ambassadeur de Dieu, qui vient nous apporter ses derniers ordres. Elle me paroît, non vêtuë d'un habit noir & funébre, mais parée de blanc, & couverte du linceül, que Jesus Christ laissa dans son Tombeau. Les Gardes, qui accompagnent ce Ministre de Dieu, pour lui faire honneur, sont les Anges, qui descendirent à la résurrection de Jesus Christ, & si dans le lieu, où le Corps du Seigneur avoit reposé, on en vit un aux pieds, & un autre à la tête, c'est pour nous apprendre, que les uns préservent le corps, & les autres l'ame, des injures de Satan.

Telles étoient les pensées & les discours de ce grand homme, lors qu'il sentit les premiéres atteintes de la maladie, qui vient de l'emporter. D'abord il le dissimule. Il s'étoit fait de bonne heure une forte habitude de conserver de l'empire sur la douleur, de la vaincre, de la cacher. Cent fois on l'a vû pressé par des douleurs cruelles, parler d'un air tranquille, & traiter des affaires importantes avec une entiére application, sans pousser un soûpir & sans changer de visage. Noble effet d'un grand courage, & d'autant plus admirable en lui, qu'étant joint avec beaucoup de douceur naturelle, il ne tenoit rien de la dureté, qui fait la constance des Barbares.

C'est avec cette fermeté ordinaire, que le Prince supporte, cache, néglige son mal. La vigueur de son tempérament l'a accoûtumé au mépris des incommoditez ; le soin de se préparer à mourir, au mépris de la mort même. Ainsi plein de sa propre douleur, & portant déja la mort dans le sein, mais toûjours libre , tranquille &. tout à lui-même, il part, pour fon Gouvernement , & laiffe à fa famille l'efpérance de la revoir bien-tôt.

S. A. S.
eſt morte
de la diſſen-
terie.

Paffons ici fur des circonftances triftes, qui ne ferviroient, qu'à exciter des larmes , que nous ne pouvons arrêter. La chaleur, le voyage, irritent un mal , qu'on néglige ; on commence d'en connoître la malignité, le Prince la voit, & juge de fa deftinée. Seigneur, c'eft ici, où ta grace doit le foûtenir, & achever l'œuvre excellente, qu'elle a commencée en lui.

Dieu le fait, MES FRERES. La conftance & la piété du Prince ne fe démentent point. A l'afpeét de la mort fa vertu fe fortifie. Il l'envifage prefente comme il la vit éloignée. On n'apperçoit ici ni les terreurs de l'homme foible , ni la fécurité de l'impie, ni le defefpoir du méchant, ni la fierté du Philófophe. La mort eft la privation de la vie ; Il la méprife. C'eft la citation du pécheur devant le Tribunal de fon Juge ; Il la craint. C'eft la comparution du fidelle pénitent au Trône de la grace; Il fe raffure. C'eft le chemin de l'immortalité; Il la defire; Il l'embraffe.

Mais ces fentimens , renfermez prefque entiérement en lui-même, éclatent peu. Comme ils n'ont point pour lui cette nouveauté , qui furprend, il n'a pas de peine à les retenir. Seulement lors qu'un Domeftique , étonné de fa tranquillité, s'imagine, qu'il ignore le péril, où il eft, & lui dit en tremblant, qu'il eft temps de penfer à mourir ; Il n'en eft plus temps, répond-il, que feroit-ce fi je n'avois, à m'y préparer, que les momens, qui me reftent.

Cependant fes douleurs redoublent, fes forces s'épuifent, & lui toûjours attentif, recueilli, fans fe diffiper en difcours, les yeux levez au Ciel, quelquefois fermez de foibleffe, demandant de temps en temps, fi la Princeffe eft arrivée, l'unique
nique

nique foin qui l'occupe encore sur la terre, expire enfin sans l'avoir vûë, & remet à Dieu l'esprit, qu'il en a reçû.

Ainsi meurt ce grand Homme, digne du souvenir éternel de la Postérité. Prince, qui ne fut pas sans défauts ; Oseroit-on en parler autrement à la vûë de ses cendres, ennemies encore de l'orgueüil & de la flâterie, & le loüer d'une maniére indiscréte & vaine ? Prince, dis-je, qui ne fut pas sans défauts : aucun homme n'en fut jamais exempt, mais qui les effaça, devant Dieu, par sa pénitence ; devant les hommes, par de grandes vertus ; Né pour la Cour, pour les hauts Emplois ; d'un mérite plus étendu que sa Fortune ; Grand dans la dépendance, & qui sembla n'être soûmis, que pour unir la gloire de l'obéïssance aux vertus d'un Souverain ; Heureux dans la guerre, où il ne fut jamais contraint de fuir ; dans les affaires, qu'il mania toûjours avec succés ; dans sa famille, dont il fit les délices, & qu'il aima avec une tendresse, qu'on ne peut comparer, qu'à l'amour, qu'elle avoit pour lui. Ainsi meurt ce grand Homme, & semblent s'éteindre, avec sa vie, la gloire & la prospérité de sa Maison.

Mais que dis-je, qu'elles semblent s'éteindre ? La douleur nous aveugle, & ces tristes objets, qui nous environnent, & qui nous pénétrent, nous cachent nos justes espérances. Nôtre prospérité dépend-elle de la presence & de la faveur des hommes mortels ? N'est-ce pas de l'éternelle miséricorde de Dieu ?

Non, non, MES FRERES, la lumiére n'est que semée pour le Juste, elle n'est pas éteinte ; cachée pour quelque temps, on la verra renaître avec plus d'éclat & de gloire. Dieu, toûjours favorable à ceux, qui espérent en lui, nous prépare des consolations efficaces, & déja même à travers ces ténébres de tristesse & de crainte, qui nous envelopent, je vois luire sur nous les premiéres clartez de son visage.

Déja ce Prince Religieux, Sage, Puissant, Magnifique, lié *S. A. Electorale de Brandebourg.*
si étroitement à cette Auguste Maison par le sang & par l'al-

liance, touché des ſervices de nôtre bon Maître autant que de ſa
mort, s'intéreſſe au malheur de ſa famille d'une maniére ſi
généreuſe & ſi tendre, qu'il ſemble mettre une partie de ſa
gloire à le réparer.

Déja l'illuſtre Veuve commence à revenir de cet accable-
ment de douleur, qui nous cauſa de ſi juſtes allarmes. Elle
ſçait, que des pleurs immodérez ſeroient en quelque ſorte
Rebelles la- rebelles à la Providence ; que dans les plus juſtes afflictions
chrymas il y a un degré de ſenſibilité, qui n'eſt plus vertu ; qu'elle
S. Jerôme. ſe doit à ſes Enfans & à ſes Sujets ; qu'elle ne peut les conſoler, qu'en ſe conſolant elle-même.

Déja le Prince, Héritier du Nom, de l'Etat, de la Gloire de ſon grand Prédéceſſeur, ſe prépare à l'imiter ; à ne laiſſer aucun vuide dans la place, qu'il lui a quittée ; à poſſéder ſes
Vertus, comme ſon Autorité. Jugeant avec raiſon, qu'il ſeroit
indigne de lui, de devoir entiérement ſa dignité à ſa Naiſſance,
ou à la Fortune, il veut être tel par lui-même, qu'on eût dû le
choiſir pour commander, ſi la Naiſſance ne l'y avoit appellé.

Oüi, MONSEIGNEUR, & je puis ſans doute en répondre au public, ce ſont-là vos intentions. Vous Vous préparez à remplir le caractére ſingulier & extraordinaire d'un Prince, digne d'un ſi grand Nom. Je n'ai pas deſſein de vous inſtruire de l'étenduë de ce caractére. D'autres auroient ſoin
de le faire, ſi vous l'ignoriez. Mais permettez-moi d'en déveloper l'idée devant Vous, & devant ceux qui m'écoutent.
Pourrois-je mieux les conſoler du Prince, qu'ils ont perdu,
qu'en leur faiſant voir, quel Prince Vous voulez devenir?

Un Prince, MONSEIGNEUR, n'eſt pas un homme ordinaire, ni le Trône, où il eſt élevé, la ſeule diſtinction,
qui le ſépare de ſes ſujets. C'eſt un homme, que la Providence met au deſſus des autres, mais qui doit s'y mettre lui-
même par ſon Mérite ; qui chargé du plus grand & du plus
difficile de tous les Emplois, doit avoir ces qualitez éminen-

tes, qui font néceffaires pour régner fur les autres, pour foûtenir le poids d'une grande autorité, & d'une grande fortune, pour régler l'ufage d'un pouvoir indépendant, & pour trouver, dans fa propre vertu, une loi févére & impérieufe, qui régle fes defirs & fes actions. C'eft un homme, libéral dans l'abondance, magnanime dans les dangers, modefte dans les honneurs, tempérant au milieu du luxe & des plaifirs, grave fans être trop févére, prudent fans artifice, humain fans foibleffe, d'une élevation tempérée par la douceur & l'honnêteté, jufte, fage, vaillant, laborieux, actif, Ennemi de l'impiété, Protecteur de la Religion ; Et pour tout dire en un mot, un homme, qui, étant le premier Miniftre de Dieu, doit approcher plus que tous les autres de fes perfections infinies, & exerçant fon autorité, l'exercer comme lui.

C'eft-là, MONSEIGNEUR, l'idée d'un Prince digne du rang, où Dieu l'a élevé, des refpects & de la foûmiffion des hommes. C'eft à cette haute vertu, que vous voulez parvenir, & Dieu, qui vous y appelle par les qualitez excellentes, qu'il Vous a données, veüille bénir ce glorieux deffein, & accomplir en Vous nos vœux & nos efpérances.

Et Nous, MES FRERES, profitons de nôtre perte. Qu'une mort, fi funefte à tant d'égards, foit utile à nôtre falut. C'eft un Prince, qui vient de mourir. Grands de la Terre, voyez le néant des grandeurs humaines. Elles s'évanouïffent comme une ombre, & il n'en refte rien, que l'ufage qu'on en a fait, & le compte qu'on en doit rendre.

C'eft un homme robufte, qui meurt dans fa force, & lorfqu'on s'attend à le voir paffer le terme, que le Prophete marque aux plus vigoureux. Hommes forts & vains, qui jouïffez de la vie, comme fi vous étiez immortels, voyez le néant de vôtre gloire & de vôtre félicité. Cette force du tempérament, cette fanté ferme & vigoureufe, ces appuis de la vie, qui vous femblent de marbre & d'airain, font la fragilité même. Vous les verrez fe renverfer & fe brifer dans un moment, à la rencontre d'un vermiffeau.

C'eft un Chrêtien prudent, éclairé, à qui les affaires, le Monde, la Cour, la Grandeur n'ont pû dérober la vûë de fa derniére fin. Mondains, qui n'y faites aucune réflexion, voyez, fi vous ferez excufables de l'oublier dans une condition, où les tentations font infiniment moindres, & les fecours incomparablement plus grands.

Enfin, c'eft un Prince, qui prend en mourant le caractére de Pafteur, qui, comme le Prophete Roi, revêtu de la double autorité, que Dieu a donnée aux hommes, enfeigne à fon peuple le chemin de la vie éternelle. O vous, qui refpectâtes dans fa bouche des ordres humains. Domeftiques obéïffans, fujets fidelles, refpectez la parole de Dieu, qu'il vous annonce, & toutes les fois, que la mémoire de vôtre Souverain réveillera, dans vos cœurs, les fentimens de reconnoiffance & de vénération, qu'il a méritez, fouvenez-vous, qu'en mourant, tout prêt d'entrer dans le Ciel, & prefque au nombre des Efprits immortels, il vous laiffa cette importante leçon, monument éternel de fa piété, c'eft ici la vie éternelle de connoître un feul vrai Dieu, & Jefus Chrift Envoyé de Dieu.

Puiffe la douleur, dont nos ames font pénétrées, favorifer l'impreffion, que cette parole doit faire fur nos cœurs. Puiffe ce jour d'affliction pour nous, être pour les Anges du Ciel un jour de Fête, à caufe de la converfion de quelques pécheurs. Puiffe le feul vrai Dieu trouver en nous de vrais & de purs adorateurs, qui le fervent en efprit & en verité, & qui ne fervent que lui feul. Puiffe enfin Jefus Chrift, l'Envoyé du Pere, revêtu des Caractéres auguftes & lumineux de Fils de Dieu, créer dans nos cœurs l'obéïffance & la fo' une connoiffance de la verité, également certaine & cace, & pure, nous conduire à la vie éternelle. Amen.

F I N.

www.ingramcontent.com/pod-product-compliance
Ingram Content Group UK Ltd.
Pitfield, Milton Keynes, MK11 3LW, UK
UKHW022116070726
13613UKWH00003B/1106